合掌ができない子どもたち

三上章道

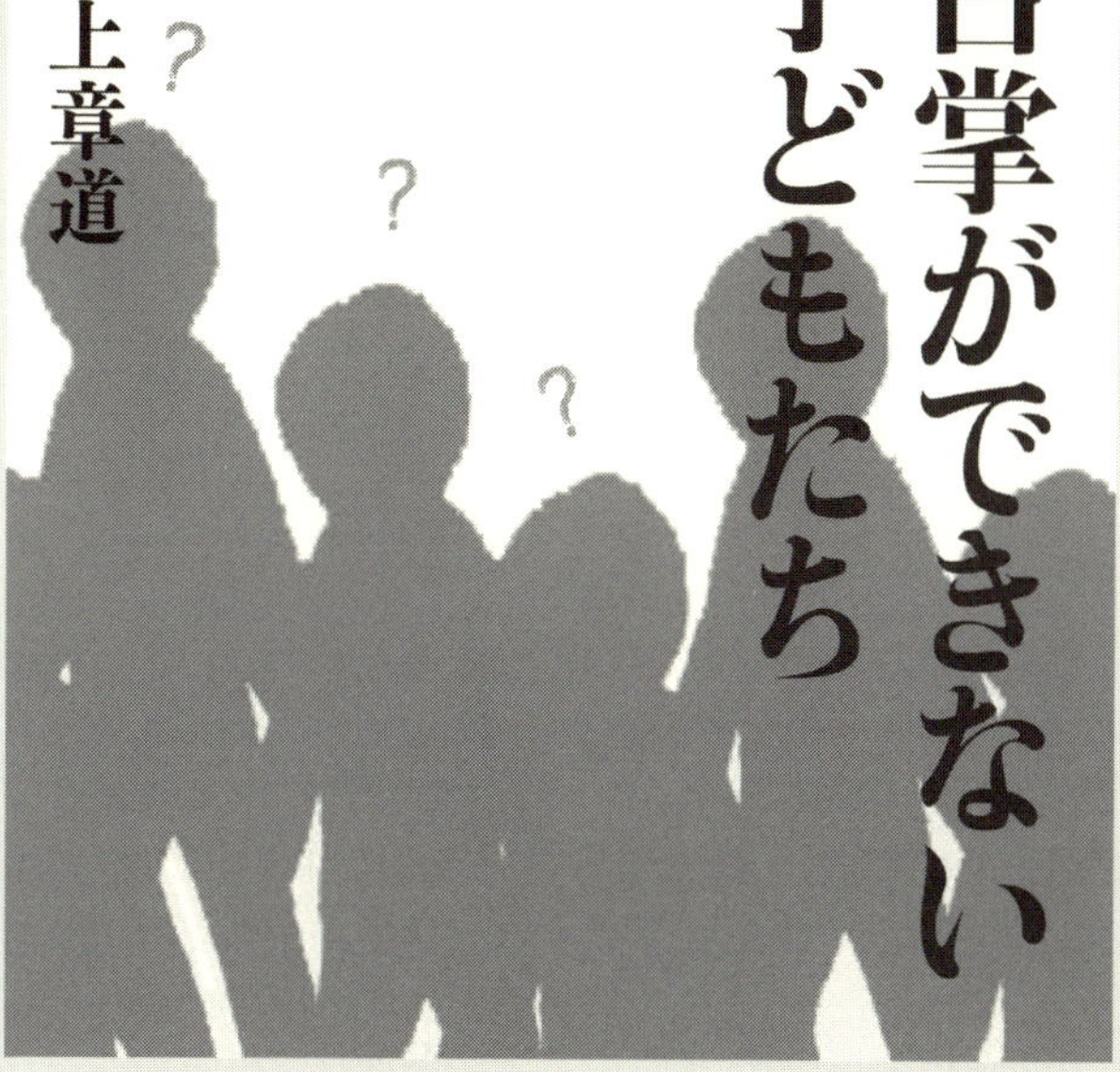

白馬社

はじめに

本書は、「合掌ができない子どもたち」というタイトルで隔月刊誌『自照同人』(自照社出版)に六回(二〇一〇年五月～一一年三月)連載した原稿と、その直後に発生した東日本大震災及び福島第一原子力発電所の事故について、浄土真宗のひとりの僧侶としての思いを綴った原稿および私がその時々に書いたエッセイやコラムで編集した。

そして、それが一冊の本になるのは、千年に一度ともいわれる自然の「大災害」が大きな理由である。さらに切羽詰まった問題として認識させたのが、ヒロシマ・ナガサキで体験した原爆被爆に続く原発（原爆）事故という「大人災」である。そこでは、原発事故に限らない、戦後、経済発展のもとで起こってきた「三池炭坑炭じん爆発」やJR福知山線の脱線事故など、その許し難い〝人間〟の所業に私たちはどのように向き合っていけるのか、向き合わなくてはならないのか、そのような問題意識から成り立っている。

東日本大震災・原発事故（3・11）が起こるまでの日本社会の民意は、直接的には、先のアジア・太平洋十五年戦争の敗戦から連続した人間観や価値観によって成り立ってきたのではないか。その後の経済復興やまたバブル経済、さらにグローバルな金融破綻となったリーマンショック、そして、その後にあらわになった就職や経済の格差、そして年間三万人を越える自殺者たち。私たち日本人は、〝豊かな社会〟を原子力まで使って作ってきたが、その内実は、かくのごとく「むごい社会」なのである。本書の諸処で書いているように、その豊かさは、人間そのものを豊かにしてこなかったのだ。子が親を、親が子を殺傷する、あるいは親の遺体を放置して「年金を貰う」など「むごい事件」が相次ぎ、また「無縁社会」という「縁が有る」ことを教える仏教から「ほど遠い社会」、まさに「薄縁社会」とでもいうほかない社会が現出しているのだ。とりわけ、母親がわが子を餓死させる「事件」は、仏教が、母の愛情を「仏のころ（慈悲）」と譬えてきたことばをむなしくひびかせる。譬えることまでも躊躇させる。そのようななかで、「合掌ができない」子どもの存在を知り、このような日本の社会現象と「合掌ができない」ことが表裏の関係にあるということに気付かされたのである。

そのような懐疑にあるときに『自照同人』の執筆を依頼され、その思いを書いたのが最初の連載で、本書の第一章「合掌ができない子どもたち」から第三章「消えた『お浄土』」までがその連載したエッセイである（一部加筆及び削除した）。また、東日本大震災から書き起こしたのが、プロローグであり、第四章「無明を生きる」、エピローグでは、東日本大震災を、まさに逆縁として、過去に書いたエッセイやコラムをふくめた。もとより、それは、本書執筆の縁とでもいうべきエッセイでありコラムであったのである。それはまた、私ごとになるが、三池炭坑の街・福岡県大牟田市の浄土真宗の寺の子として生まれ、早くからジャーナリズムの仕事に憧れ、大学卒業後、定年まで宗教ジャーナリズムの仕事に係わってきた私の「慚愧の記録」というほかない。

そして向後も、私は、東日本大地震で亡くなられた方、いまだ行方不明の方、そして原発の被曝で避難した方々、被曝したままに捨てられた動物たち、そして山河や田畑の惨状を、私の「責任」として、こころに深く刻んでいきたいと思っている。

合掌ができない子どもたち　目次

はじめに　3

プロローグ　11
「原発」は「原爆」　12
なぜいろいろな「事故」が起こるのか　15
科学者の警告と僧侶の責任　18

第1章　合掌ができない子どもたち　21
合掌ができない子どもたち　22
大平光代さんの連載　25
嘉田由紀子さんのキャッチフレーズ　28
西元宗助先生の心　31
合掌ができない大人たち　34
合掌礼拝が「わかりません」　35
人間は、本能の壊れた猿　38
パピーウォーカー　40

第2章　後生の一大事　45

いつから「天国」にいくことになったのか　46

排除される「宗教色」　48

天国と浄土　50

「他力本願」の誤用　52

「信者が死んだ」となぜ書けないのか　56

宗教「三大紙」　58

後生の一大事がない　60

死を知らずに動く日本の中心部　64

第3章　消えた「お浄土」　67

集団就職列車は二十年間走った　68

青木新門さん　71

お浄土がない生き方　75

「新幹線」から「夜行列車」へ　80

三池炭坑　84

子どもに責任はない　89

第4章　無明を生きる 95
山を海を土地を、そして地中も汚すのか 96
原発はどうして危険なのか 100
無明を生きる 107
音を聞く、声を聞く 115

エピローグ 121
パワースポット 122
あらゆる人の平等な世界へ 130

あとがき 135

プロローグ

「原発」は「原爆」

「合掌ができない子どもたち」の連載を書き始めたころだった。正確には、二〇一〇年（平成二十二年）八月二十三日、宗教新聞『文化時報』の記者が私の寺へ訪ねてきた。その前の年の十一月に私は西本願寺（浄土真宗本願寺派＝本派）宗務所（本願寺出版社）を定年退職していた。記者は、それから十カ月ほど経った私の「近況」を聞きに来たのである。

その時、話したことが次のような記事になった。

「ARMS DOWN!（注・核兵器の廃絶など）」キャンペーンに賛同し、核兵器廃絶運動に協力している宗門（西本願寺）だが、「原爆の悲惨さを訴え、核兵器の廃絶を呼びかけるのなら、同時に原子力発電の問題にも反対の声明を出すべきではないか」と提言するのは、前本願寺出版社編集長の三上章道福賢寺住職。原発はエネルギーとしての平和利用と言われるが、未だに核廃棄物の有効な処理法が見つかっておらず、兵器にもなりうる。「原発以外の方法でも、現在の電力を賄うことはできるはず。日本海側に集中する原発地帯が第二のチェルノブイリにならないとも限らない」と語る。「浄土真宗の影響は大きく、本派が声明文を発表すれば、メディアも取り上げ、社会への波及効果が生まれる。本山（西本願寺）は、もっと声をあげるべき。具体的行動はもちろん大事だが、はっきりと本願寺としての見解を出すだけでも、十二分に効果がある」と。

（『文化時報』二〇一〇年八月二十八日付）

それからわずか八カ月後に、「日本海」側ではなく、「太平洋」側であったが、「第二のチェリノブイリ」が起こるとは、その時は想像もしていなかった。

実は、私が改めて「原子力発電所（原発）の危険性」を具体的に知ったのは、その年の二月であった。

私は一九六八年（昭和四十三年）に龍谷大学を卒業したが、学生運動が盛んになり始めのころで、デモ隊の尻尾にくっつく感じで参加していた。そのときの「仲間」が四十年ぶりに「同窓会」を開き、その中のひとりが福井で「反原発」の運動を行っていて、映像をまじえて原発の危険性を講演してくれたのである。講演では、いろんな問題点が指摘されたが、世界中の原発がいまだ「使用済み核燃料」の処理方法が見つからないまま稼働していることを聞いた時には、いい知れぬ恐怖感を抱かされた。同時に、私は、「安全な処理方法が見つかるまでは動かしてはいけない」と思った。そして、そのような思いは、私が高校まで育ったふるさとまでに重なっていたのである。

なぜいろいろな「事故」が起こるのか

私は福岡県大牟田市で生まれ、一九六〇年の「三池（炭坑の）闘争」を目の当たりにしてきた。中学から高校に入学する春休みであった。労働者同士が「乱闘」する「現実」を目の前に見て、「なぜ労働者同士が」と疑問を持った。後で知ることになるが、それは「労働者同士」というよりも「資本」の都合であった。そして、第二組合（新労組）が結成され炭鉱の「合理化」が進められた。それから三年後、三池炭坑は、四百五十八人が亡くなる炭じん爆発を起こした。「合理化」のあおりだった。一酸化炭素中毒患者は八百三十九人に及び五十年経った今も苦しんでいる人がおられる。

私はその後の人生で、なぜ労働者同士が「乱闘」したのかを知ることになった。また、資本側の「合理化」に伴う安全対策の放置が、炭じん爆発の主要な原因（人災）であることも知った。それから四十年、尼崎の列車事故も、「ATS」という安全対策を実施しないまま、資本側が超過密ダイヤを運転手に押しつけていたことが大きな原因と考えられるようになった。超過密ダイヤは、そのまま人間の能力、人間の感性を無視した過激な労働状況を生みだしていたからである。そのような「合理化」の根底には、親鸞聖人の教えが書き編まれている『歎異抄』に教示された「人間は何をしでかすかわからない存在」であるという謙虚な「人間のこころ」が微塵も見えない。それは、企業の論理や技術でもって「人間を機械として使っている」結果であるという他ない。

そうした論理や技術は、私が育ってきた「戦後体制」であり、私は、敗戦後の日本が朝鮮戦争、ベトナム戦争の特需をきっかけに世界第二の経済大国になったことを黙視することができない。三池炭坑の炭じん爆発事故は、経済大国への道を暴走する「資本」が起こした「人災」の先駆けだった。それはまた、石炭から石油というエネルギー源の変革のなかで起こった象徴的な事故であったわけだ。そして、私たちは、今、原子力というあらたなエネルギー源においても「火種を消す方法が見つからないまま火を起こしている」という危険を、私は、同窓の会の一人から知らされたのである。そして、そのときの恐怖感を、たまたま訪ねてきた記者に語った。それが最初に引用した記事である。「火を消すことができない（処理方法がない）」まま稼働している原発の現実を知ったのである。それは、私にとって、さらに過去にさかのぼる、「三池」や「尼崎」とつながっていたのだ。

原発事故が起こって五カ月になる。本書が発刊された今も原発事故が収束しているなどという予断は許されない。また、この間、余りにも「原子力」に対して無知であったことを思い知らされた。地震や津波という自然災害は、仏教を依りどころに生きる私には、「諸行無常の理」を身に受けて被災された方とともに一日も早い復旧復興を念じている。私にできることはこれからもしていく。しかし、「原発事故」は、三池炭坑の炭じん爆発事故や尼崎の列車事故と同じく、「諸行無常」では括れない。

科学者の警告と僧侶の責任

この間に読んだことだが、アインシュタインが、広島・長崎への原爆投下を知って「宗教のない科学は危険である」と言ったということを『納棺夫日記』の青木新門さんの文章で知った。また、ノーベル化学賞を受賞した野依良治さんは、この度の原発事故について、「科学」と「技術」を分けて批判された。それは、「科学」として考えられても、決して市場のための「技術」にしてはならないという批判であった。原発の未熟な「技術」は、市場原理をもってして可能だったのだ。そして政官財が共同して「安全神話」を作り上げてきたのである。建設されてきたのである。そこには、「ヒロシマ・ナガサキ」の記憶も市場原理によって忘却されている。そして、資本に与した科学者や技術者は、市場原理だけに与し、未曾有の「人災」を起こしたのである。それは、「人間存在を含め、作られたものはすべて、瞬時たりとも同一のままでありえない」という「諸行無常の理」でなく、「資本」が市場原理に与した結果に過ぎないのだ。

私は、アインシュタインや野依さんの話を知ったとき、彼らには、「合掌」の心が、彼ら自身の心に確立していると思った。大江健三郎さんは、『ヒロシマ・ノート』で、自らも被曝しながら、被曝者の治療にあたった医者たちをモラリストと呼んでいるが、それはまさに「合掌」のできる心が培ってきた人間であり、そういう人間だからこそ、被曝した身体をいとわずに医療に専念できたという他ない。それはまた、「合掌ができない子どもたち」で指摘した「現代社会の苦悩は、政治や経済、科学あるいは行政など世の中を動かしている人間の根底に宗教がないことが大きな要因である。その責任の過半は僧侶にある」ということの延長として、このたびの「原発問題」も起こっていると思うのである。

そして、「原発事故」が起こったその後における政治や経済、科学あるいは行政など世の中を動かしている人たちが、自己の正確な情報を開示せずに「反省」もない状況。とりわけ、「使用済み核燃料」の処理問題を「棚上げ」した原発の賛否論議をみていても、「合掌ができない」姿そのものが継続して現出しているというべきだろう。「3・11」によって起きた「原発事故」が、「人間」のみならず「自然」に反した事故であることを、「ヒロシマ・ナガサキ」を体験した日本人として、あらためて思考しなければならないと痛感して『自照同人』へ連載（二〇一〇年五月〜一一年三月）した「合掌ができない子どもたち」を今一度ひもとくことにした。

第1章

合掌ができない子どもたち

合掌ができない子どもたち

「合掌ができない子どもたち」がいることを知ったのは十年ほど前である。

その頃、「地蔵盆のおつとめ」をある町内会から頼まれ、「真宗には数珠回しなどの作法がないので」と断ったが翌年もまた依頼され、「真宗のおつとめでよろしいか」と聞き、了解を得たので出かけた。「数珠回し」をした後、懐中名号（ご本尊）を安置して二十人ほど集まった子どもたちと一緒に『重誓偈』のおつとめをしようと経本を配り「合掌」と言った。『重誓偈』とは、浄土真宗がもっとも大切にする『仏説無量寿経』という聖典のなかにある「偈」（うた）であり、「南無阿弥陀仏のみ名をすべての人に聞こえさせねば…」という私たちを救い取ろうという、み仏の誓いの偈である。

「合掌」と言って、ちょっと後ろを振り向いたら、半分ほどが合掌をしていない。周りを見てどうしたらいいのかキョロキョロしている子もいる。そこで、

「君たち、合掌を知らんのか」

と、聞いてみる。

「知らん」

「家でしたことないのか。ごはんを食べるときとか」

「してない」

と、このような問答になった。

核家族化した家族の子が夏休みで祖父母の家に帰って来たりマンションに住む子たちのようだったが、この子たちが「合掌をしていない」ということは「親もしていないのでは」という思いに至り愕然とした。

なぜ、愕然としたかと言えば、手前味噌と思われるかも知れないが、僧侶である私にとって、「合掌」は教えを聴く基本であるからだ。例えて言えば日本語で話をするときには相手が日本語を知っていることが基本であり、それがなければ理解をしてもらえないように、「合掌を知らない」人たちには現在お寺の法座で話されているような内容は通じないのではないかと思ったからである。先の例えで言えば、まず日本語を知ってもらう必要があるのではないかということだ。このように、少なくとも、「合掌」は、仏教における宗教心を持つ手立てであり、自分自身を見つめたり、他人への思いをめぐらす条件のようなものである。

「合掌ができない」人たちに教えを聴いてもらうために従来の伝道方法が通じないのであれば、それではどういう手立てがあるのか、私は大きな課題を抱え込んだ。

大平光代さんの連載

その頃、私が編集長を務めていた西本願寺の月刊誌『大乗』で「キダ・タローのざっくばらん対談」を連載していた。その折、弁護士の大平光代さんに登場してもらった。それが縁になり、大平さんに『大乗』に「ひかりの中で」の連載をお願いしたが、その連載や、また併せて編集長だった『本願寺新報』に執筆してもらった大平さんの文章は、私の課題に重さを加えた。

大平さんは、中学の時に大変ないじめを受け、自殺を図り、非行に走った。そして立ち直るまでの自伝『だから、あなたも生きぬいて』（講談社刊）がベストセラーになり知られるようになったが、その後、西本願寺の中央仏教学院通信教育課程を卒業された。

なぜ、仏教の通信教育を受けることになったのか、私なりに要約すれば大平さんは次のように書いておられる。

弁護士になって犯罪を犯した子に「手をつねってごらん、痛いやろ。相手の人も同じように痛いんやで」と諭すと「自分は痛いけど相手のことはしらん」という子が増えた。自分自身が非行に走っていた頃は、自分が痛かったら相手も痛いやろなあ、と思ったり、刃物を振り回してもそれ以上は駄目という一線を知っていたが、今はブレーキがきかないどころか、相手が死んでしまうことにも意識が及ばない。どうしてそういう子どもたちが増えたのかと思っているとき、ある会合で「敗戦後、宗教教育がなくなって、心の柱がなくなりましたねえ」と聞き、それがきっかけで、まず自分自身が仏教を勉強しなければと思った。幼い頃おばあちゃんと一緒にお仏壇に手を合わせることが生活の一部であり、「まんまんちゃんはみてはるよ」と言われていたことを思い出し、自分が非行から立ち直れたのは、そんな経験があったからである。二十二歳の時に人生をやり直そうと決意、心の帰る場所があったのは祖母のおかげであり、手を合わせることは心を育てる情操教育だった。そして、おばあちゃんに教えてもらった「心の戻る場所」を子どもたちに作ってあげたいために仏教を学びたい。

この大平さんの連載は、宗門の僧侶に少なからず自省を促した。私もそのうちの一人であった。大平さんのエッセイを読みながら、キョロキョロして「合掌ができない」子どもたち（大人も含めて）に通じる伝道方法確立の重要性をあらためて感じた。

私は一九九〇年、四十五歳の時に滋賀県大津市・福賢寺の住職に就任した。前住職は、その四年前に亡くなり、後継者がいなかったため前坊守（前住職の妻）が寺を守り後継者を探していた。知人の紹介で私たち家族四人が入寺し、前坊守と養子縁組をして二〇〇六年に九十四歳で亡くなるまで五人で過ごした。

嘉田由紀子さんのキャッチフレーズ

九州で生まれ、京都や大阪でも生活したが滋賀県は初めてだった。江州門徒といわれる土地だけあって、滋賀県には本願寺派の寺が六百ヵ寺を越え、大谷派（東本願寺）の寺は七百ヵ寺あり、本山（錦織寺）がある木辺派や仏光寺派、興正派などの寺を合わせると、真宗寺院が人口百四十万人の滋賀県に千六百ヵ寺ほどある。ちなみに、滋賀県と何かと比較される埼玉県（人口七百十七万人）の真宗寺院は五十五ヵ寺ほどである。

琵琶湖を取り巻くようにできた集落や近江平野、そして山間部では、減少しつつあるとはいえ日曜学校が続いている寺も多い。二〇〇六年に嘉田由紀子さんが「もったいない」をキャッチフレーズにして滋賀県知事になった。嘉田さんは関東の生まれだが、高校の修学旅行で比叡山から眺めた琵琶湖の景色に憧れ、滋賀県の職員となり、琵琶湖の環境問題などに取り組んでこられた。知事選のときにマスコミの取材で「なぜ、もったいない、なんですか」と聞かれ「調査で滋賀県内をくまなく回ったが、琵琶湖の辺、あるいは山手のどんな小さな集落に行っても、皆さんがもったいない、と言うのですよ。だから」と答えている。嘉田さんが琵琶湖研究所の職員として県内を回っていたのは昭和の時代だろうが、「もったいない」は、まさに真宗の風土（滋賀県には仏教寺院が三千二百ヵ寺ほどあり、「仏教の風土」が適当かもしれない）を立証する言葉だと思った。

その滋賀県には大阪圏のベッドタウンとして人口流入が今でも続いている。もちろん、地元住民の核家族化もあるが他府県からの転入も多く、田んぼや山林は住宅街に変わり、あるいは私が住む「大津百町」といわれる四百年続く大津の古い町並み一帯だけを見てもこの二十年の間に十数階建ての高層マンションが十数棟建った。

私の知り合いが、滋賀県で山を切り開いてできた新興の住宅街に住んでいる。

今も敬けんな真宗門徒のなかには、毎朝、お仏壇の前に正座して親鸞聖人がつくられた「正信偈」のおつとめを称えているが、彼も称えたら、近所から怪訝そうな反応を示されたとぼやいていた。数百軒あるその住宅街で、お仏壇がある家は稀だという。ところが、そこから数キロも離れていない湖畔の集落の子どもたちは、今でもお寺に行き、日曜学校で手を合わせておつとめをしている。

つまり、「合掌ができない」子どもたち（大人も）がいる現象は、ひとつの町内だけではなく滋賀県全体での現象でもあり、それは今では、全国各地にみられる現象であろう。私が抱え込んだ「課題」は、一町内会における課題ではなく、全国的（宗門的）な課題であるといえるのではないだろうか。

そして、私は、この課題の根底に、現在起こっている過去には考えられなかった「むごい事件」の原因が横たわっているように思えてならない。

西元宗助先生の心

一九九七年、神戸で中学生の事件（A少年）が起こり、社会的に大きな問題になった。この事件の被害者のお母さんが、「少年よりも、むしろ大事なことを教えなかったこの社会に問題がある」と吐露されていたが、問題がある「この社会」の一番の該当者は、実は、宗教者（私）であった。「合掌」という宗教行為の基本ができなくなった責任は宗教者（私）にあるからだ。このような事件を生みだす社会になった原因の一つである「お金が一番大事なもの」になってしまった社会の価値基準を助長させた「バブル」のとき、教団も宗教者（私）も一緒に「泡おどり」をしてしまっていたからである。その「価値の転倒」の反省に立たなければ、私の「課題」の解決の糸口は、見つからないのではないか、と思ったのである。

一九八八年に東京で中学二年の男子が両親と祖母を惨殺する事件があった。それは、A少年の事件の前兆ともいえる事件だった。教育者であり宗教者だった西元宗助京都府立大学名誉教授（故人）は、その二年後に出された著書『教育と宗教のあいだ』（教育新潮社刊）で、

「この事件は、戦後のわが国の学校教育の破たんを意味している。その責任の過半は無気力なわれら宗教教育関係者にもあるのではないか」

「この少年を私どものはののしることはできない。少年は時代の犠牲者である」

「今こそ、立ち上がらなければならない」

と述べられ、東京のこの少年の家までかけつけ、家の回りを

「申し訳なかった」

と言いながら回った、と書かれていた。

それは、私の「課題」の答えを求める基盤と言ってもいいかもしれない。この「西元先生の心」を忘れていては、私の「課題」を解決するための光も差し

込んでこないだろう。

合掌ができない大人たち

地蔵盆で「合掌ができない子どもたち」の存在を知り、「子ども」だけではなく「その子の親（大人）も合掌ができないのではないか」と私は危惧したが、実際に「合掌ができない大人」に出会ったのは、それから数年経った二〇〇六年九月五日の朝である。なぜ、日まで覚えているかといえば、私が二十数年前に福賢寺へ入寺し養子縁組をした前坊守（養母）が亡くなった日であるからだ。

前坊守は、入寺したとき七十八歳だったが、九十歳のときに脳梗塞で倒れ、その後入退院を繰り返し一年ほど前から介護病院に入院していた。そして、亡くなる数日前に「厳しい状態」という連絡があり、近くに住む実の娘や坊守（妻）などが交代で行って前の晩に私も実娘と遅くまで介護病院にいたがとりあえず帰宅した。日付が変わって三時間ほど経ったころ電話があり実娘とともに駆けつけたが間に合わなかった。九十五歳まであと一ヵ月だった。

合掌礼拝が「わかりません」

六時ころに帰宅した前坊守を本堂へ安置し、実娘と家族で臨終勤行をつとめた。門徒総代には十一時に集まってもらうことになった。実娘も「とりあえず家に戻ってきます」と帰り、しばらく「空白の時間」ができた。九時半ころに門前を掃除していたら一人の青年（三十歳くらいの「大人」）が「住職ですか」と入ってきた。

前日に「（投資で）純金の購入」を勧める営業マンから、

「明日大津市内を回るので、ちょっと話だけでも聞いてほしい」

と電話があり、

「買う余裕もないし、母親が危ない状態なのでともかく明日はだめ」

と返事をした。その営業マンが来たのである。

「母親が危ない状態だからだめと言ったやろ」

と言うと、

「みんなそう言ってうそをつくんですよ」

この返事には、カーッと頭に血がのぼった。

「亡くなったんや。あんたの話も聞くからまずお参りしろ。こっちへ来い」

と引っ張るように本堂へ上がり、ガラス戸を開けた。営業マンは、安置されている様子を見て、驚き立ち止まった。

先に中に入り、

「ちゃんとお参りしろ」

と言ったが、立ち尽くしている。

「こんなときにどうしたらいいのか知らんのか。合掌礼拝やろ」

と言うと、

「わかりません」

と言う。

横に座らせて合掌礼拝すると、真似て手を合わせた。営業マンの緊張しぎこちない姿を見たとき、「前坊守は、早速に還相のはたらき（浄土に生まれて仏となり、迷いの世に還って人々を教化する）をしているなあ」と味わった。それにしても、「住職」を特別扱いしてもらおうとは思わないが、「うそをつく」人たちの「仲間」に入っていることもショックだった。

その青年は「純金の購入」だったが、そのころ特に「投資」を勧める電話が多かったように思う。例えば、家賃収入を得ることが出来るマンションの購入やいわゆる先物取引など、内容についてはあまり覚えていないが余りにも多いのであるとき「そちらは寺院のリストを持って電話しているのか」と聞いてみた。「そうなんですよ、中小企業の社長さんなどがさっぱりなんでお寺さんを当たっているんです」。そういう電話は必ず「ご住職はおられますか」で始まり「そうですが」と答えると商品の説明を始めるので「うちの寺は投資するお金がない、説明してもらってもお互いに時間の無駄になるから」と電話を切ろうとすると「そんなことないでしょう。今までどんなこと（投資）をやってこられました」としつこく粘られる。どうも寺は金持ちと思われているようである。

人間は、本能の壊れた猿

ところで、先に述べた大平光代さんの文章に出会った前後に心理学者・岸田秀さんの「人間は、本能の壊れた猿（動物）」という説を知った。要約すれば次のようなことである。

猿も人間も中心に欲望を持っているが、猿は欲望の周りに本能を持っている。ところが人間は言葉を扱うことによって大脳が発達しすぎたために本来ある本能が壊れている。だから、人間は欲望の周りに文化や思想を育ててきた。それが育っていないとむき出しにされた欲望だけが残る。猿は本能で動いているから自分の都合で自分の子を殺すようなことはしないが、人間は文化や思想が育てられていないとむき出しにされた欲望だけが残る。

岸田さんの説の「要約」がこれでいいかどうか。岸田さんはこのことだけを説いておられる訳ではないので少し不安もある。また、この説への批判もあるが、しかし、人間には、確かにこういう一面があるように思う。そして、大平さんが幼いころに「まんまんちゃんが見てはるよ」と教えられたことが岸田さんの言う「育てなければならない」部分にあてはまっているのではないか、と思う。

「幼少期に育てる」ということでは、二〇〇四年から〇五年にかけて経験したパピーウォーカーでも学ぶことがあった。

パピーウォーカー

そもそもは坊守（妻）が参加していた大津市の点訳サークルの仲間から情報を得てパピーウォーカーを始めたが、パピー（仔犬）ウォーカーとは、盲導犬となるための仔犬を生後四十五日ころから訓練に入る一歳ころまで家庭で愛情豊かに養育するボランティアのことである。現在日本には千百頭ほどの盲導犬が活躍しているが、まだ七千人ほどの視覚障がい者が希望して待っている。

全国に訓練所（盲導犬協会）は八カ所ほどあるが、京都府亀岡市の訓練所（関

西盲導犬協会＝「クイール」を訓練した）で説明を聞いた。そして、

「いつも名前を呼んで、とにかくほめてください。やめなさいと叱った場合も叱りっぱなしではなく、それができたらほめてください。それに、出来るだけ多くの人に出会ってください」

と、しつけの基本を教えられた。そのとき、盲導犬不足のことを思い出して、

「パピーウォーカーという遠回りをせずに四十五日目からすぐに訓練した方が早いのではないですか」

と、素朴な疑問を聞いてみた。

　訓練士さんの答えは、

「盲導犬として人間に寄り添うためには、訓練（実技や知識）だけでは駄目なんです。幼いときに人間社会で家族の一員として愛情をいっぱいかけてもらい、人間への親近感。信頼感を自然と持つように、スキンシップの時期がないと訓練できないのです」

ということだった。

盲導犬はパピーウォーカーが付けたものが生涯の名前になる。そして、訓練を受けて盲導犬になれるのは三、四割ほどである。我が家では娘が考え「ウィリー」と名付けた。一年たらず一緒に過ごして訓練所へ返した。それから一年ほど訓練を受けて、現在ウィリー君は兵庫県で盲導犬となって活躍している。

盲導犬になって三年経ったころ、京都・西京極競技場で行われた視覚に障がいを持った人たちの競技大会へユーザーさん（盲導犬使用者）と共に出場したときに再会した。会うことは無理だろうと思って、スタンドにいたが、階下にジュースを買いに行った坊守と娘が先に出会い、観客席にいた私に娘から、

「すぐ来て、ウィリーに会える」

という携帯電話があった。

慌てて駆けつけると飛びつかれかみつかれ、ほえられる、言葉では表現できない喜びの表現だった。十分ほど前に坊守と娘が再会したときも大変な様子だ

ったという。

数カ月後に、兵庫県からＪＲ新快速に乗ってユーザーさんと一緒に大津に来てくれた。私は仕事で会えなかったが、坊守が大津駅に迎えに行き改札口を出てくるなり人目も憚らず抱きついてきたという。パピーウォーカーのときは、一日二、三時間は散歩をして坊守が（休日は私も一緒に）琵琶湖ホールや大津プリンスホテル辺りの琵琶湖畔を中心に歩き、多くの犬トモダチもできた。なかでも、ウィリーと同じくラブラドールレトリバーのピート君（偶然にも同じ関西盲導犬協会のキャリアチェンジ犬でイトコだった）と仲良しになり、散歩の途中で母親同士（ピートの飼い主と坊守）のおしゃべりが長引いても二頭は横で仲良く遊んでいた。その日、ピート君に連絡して来てもらったが朝、飼い主がピート君に「ウィリーと会えるよ」と言っただけでそわそわしだして、三十分前にはいつも会っていた琵琶湖ホテル辺りに行くと当時ウィリーが来ていた方向をジッと見つめていたそうだ。姿が見えると吠え出して、会うなりかみつき追いかけ

あって、鳴き声が、

「久しぶり」

「どうしてた」

「元気やったか」

というように聞こえたほどだったと坊守は言う。

岸田さんや訓練士の言葉、あるいはパピーウォーカーの経験を重ね合わせると「合掌ができない子どもたち」が存在する背景が、私には、垣間見えた。

第2章

後生の一大事

いつから「天国」にいくことになったのか

数年前から娘がそろばん塾の先生をしている。つい先日、塾から帰ってくるなり、

「このごろ親のことをパパ、ママと言う子が多いけど、親が（子どもの時に）そう言っていた子どもなんかなあ」

と、母親（坊守）に話していた。

私の子どものころは「父ちゃん・お父さん」「母ちゃん・お母さん」と呼んでいた。同級生も殆どそうだった。

ではどうして「パパ・ママ」が増えたのか。アメリカの影響が小さくないと思う。一九六〇年前後にテレビが一般家庭に普及したころには、アメリカのホームドラマが理想的な家庭としてあこがれた。また「こんにちは赤ちゃん……私がママよ」という歌が流行ったりもした。パパ、ママは、つまりメディアの影響で〝出現〟したといえる。

その後、一時減ったというが、パパ、ママと言っていた子が親になり、子にそう呼ばせることで近年また増えてきたのであって、娘の「推理」は、まんざら外れていないようだ。

「合掌ができない子どもたち」の存在を知り、「子どもが（合掌が）できないということは、その子の親（大人）もしていないのではないか」と先に述べたが、それは「親がしないことは、子どももしない」という一面と、逆に「親がしてきたことは子どもに受け継がれる」という一面があるということだ。

娘の何気ない発言からその実例（パパ・ママ）を感じた。

排除される「宗教色」

私は、三十年ほど前（一九七九年）に東京で半年間過ごしたことがあり、マスコミに関係する人との出遇いが多かったが、こんなことを言われたことがある。

テレビ局の制作担当者のところへキリスト教の牧師（神父）さんがよく出入りしていますよ。何をしているかと言えば、子ども向けのアニメを作ることを勧めて原作本を紹介して（売り込んで）いるんですよ。仏教の方もアニメになるような子ども向けの作品があったら売り込んだらと思うのですが何かありますか。

そういう「売り込み」が実際どれくらい効果をあげたのかは知らない。しかし、キリスト教文化を背景にしたアニメが多かったのは事実だ。例えば、「アルプスの少女ハイジ」はその代表作ではなかったか。原作ではクララのおばさんがハイジに聖書を読むことや毎日のお祈りを勧めているという。

ところが、アニメではそのような宗教色は意図的に排除されていた。例えて言えば、青木新門さんの『納棺夫日記』が映画『おくりびと』になったようなもので、青木さんが「原作者」を拒否するほど「宗教（真宗）色」が排除された。

もちろん、現代の風潮から言えば、「排除」されていなければアカデミー賞の受賞もどうだったかなとも思うが、『おくりびと』は、「真宗への導入」の意味合いを大きく持っているし、そういう切り口でいえば「千の風になって」にも同様のことがいえる。

ところで、テレビが家庭に普及しておよそ五十年になるが「パパ・ママ」のほかにも日常生活への影響は数知れなくある。「パパ・ママ」の採否は各家庭に任せるとして、テレビから〝発生〟し、このまま〝放任〟できないのではないかと思うのが「天国」という言葉である。

天国と浄土

「天国」という言葉も「パパ・ママ」と同じように私が子どもの頃はほとんど使われていなかった。

この言葉が一般化した「発生源」はテレビだけではないと思うが、先述したアニメに「天国」を感じさせる雰囲気は残り、母子でそれを見たことも背景にあるのではないか、とも思う。しかも「パパ・ママ」と違って、「天国」は今も連鎖反応的に「増長」しており、ドラマやニュース（芸能人やスポーツ選手の弔辞など）でも「亡くなった人が行った場所」としてテレビ等であたりまえのように使われている。「天国」は、それほど社会に「蔓延」してしまった。

浄土真宗においては「浄土」を説くことが一番の要である。従って普段から浄土真宗の教えを聴いている人は「天国」を受け付けもしないが、少なくとも「合掌ができない大人や子ども」には、「死後は天国にいく」というキリスト教的な「天国」という言葉が「無自覚」なままにインプットされているように思えてならない。

その結果、浄土真宗（浄土）を語るときには、「死後は天国」と思い込んでいる人に、まずその概念をはずしてもらわないと浄土真宗が伝わりにくい。少なくとも、既成概念を持っているという現実を踏まえて対処しなければ浄土真宗の教えを伝えることは難しい。

言い換えれば、「天国」の「蔓延」が浄土真宗を一層わかりにくくしているように思う。同様に、浄土真宗の要である「他力本願」の「誤用」もわかりにくくしている一要因である。

「他力本願」の誤用

宗門（浄土真宗本願寺派）の「他力本願の誤用」への取り組みは、一九六八年二月に当時の倉石忠雄農林大臣が「これからは親鸞のような他力本願では国は守れぬ」などと国会で発言したことに端を発し、親鸞聖人を宗祖とする浄土真宗の十宗派（真宗教団連合）が問題提起を行い、倉石農相が謝罪したのが始まりといえる。当時、本願寺派僧侶で宗門代表だった川野三暁参議院議員（故人）が、予算委員会で「他力本願の意味」を説明する事態にまで発展した。ところが、六九年に発行された『広辞苑』の第二版には、それまで「他力本願」の項は「阿弥陀如来の本願」という説明だけだったのが、第二項として「もっぱら他人の力をあてにすること」と加えた。そうした背景もあってか、メディア（テレビ、新聞、ラジオなど）では「優勝は他力本願」とか「人生は他力本願ではいけない」など誤用が相次いだ。その後も教科書での誤用に申し入れを行い出版社が削除措置を行うこともあった。「他力本願」は浄土真宗においては、信心の根幹に関わる言葉であり、その誤用に対しての危機感から、少なくとも本願寺派では、それから四十年以上、

「誤用しないでください」

と、チラシや冊子をつくるなど啓発運動を行ってきた。

本願寺派の啓発運動は、広報部門が中心になって行ってきたが、実は私も七年間、宗務所の職員として広報部門に在職（一九七八年～八四年、当時の情報部）して担当した。新聞社やテレビ局など誤用したところへ「他力本願」の真意を啓発する「ハガキ運動」が始まったころだった。京都（本山）で把握したものはすぐに出すわけだが、地方紙まではなかなか把握できない。しかし、全国の寺院から本山（情報部）へ「誤用した新聞」が送られてきてハガキを送付した。なかには住職から「〇〇新聞に誤用があった。こちらからも新聞社に電話した

が、新聞を送るので本山からもよろしく」ということも多くあった。

一方で、この啓発について、宗門内の僧侶から『広辞苑』にも「もっぱら他人の力をあてにすること」とあるのだからと、啓発に批判的な意見もあった。また、誤用されるようになったのは宗門（僧侶）の怠慢だから啓発するのは傲慢だという意見もあった。しかし、当時も今も宗門の意向は、「私たちにとって大事な言葉ですので、誤用しないでください」と啓発することが大事なこと、という方針に変わりはない。

「他力本願の誤用」については、その後も何度かマスコミの話題になるような「誤用」があった。最近では、二〇〇二年に大手写真メーカーが「他力本願から抜けだそう」というキャッチフレーズで全国紙四紙に全面広告を出した。このときは、真宗教団連合からも抗議文を出したり、築地本願寺で公開講座を開催したり、取り扱った広告代理店が『本願寺新報』へ「おわび」を掲載するまでに発展した。このときは「他力本願から抜けだそう」というＣＭが新聞などに繰り返し表現されることへの「危機感」が宗門にあった。

私は、この四十年の取り組みによって、マスコミにおける誤用はかなりなくなったように思う。その後、『広辞苑』の第二項の最初に「転じて」と入ったりもしたが、最も影響が大きいと思ったのは共同通信社の『記者ハンドブック』(一九五六年初版発行)の「用字用語集」に二十年ほど前「他力本願」の用語が加えられたことだろう。そこには「浄土門で『阿弥陀仏の本願によって救済される』の意。比ゆの『他人の力を当てにする』の意味では使わない」と記されている。これについては、共同通信社へどういういきさつで掲載されるようになったのか問い合わせたことがあった。その時の説明は、「用字用語集には本来、仏教語は入れないが、『他力本願』については間違って使われることが多いので、注意を喚起するために加えた」ということだった。まさに啓発活動の成果と言える。

「信者が死んだ」となぜ書けないのか

「信者さんが亡くなったことを書けるんですか。すごいですね。私の教団では、信者の死についてては触れられません」。新宗教教団の広報関係の方からそう聞いたのは、一九九五年、阪神淡路大震災から二カ月程経ったころだった。私は、西本願寺（本山）が発行する『本願寺新報』『大乗』の編集長を務めていた。

その日、本山で各宗教教団の会合があり、広報の職員から、

「本山の出版活動のようすを知りたい方がいるので会ってほしい」

という連絡があった。私は、最近の『本願寺新報』や『大乗』を持って広報の

部屋へ出向いた。新宗教教団の方がおられたので挨拶をして、

「こんな新聞や雑誌を発行しています」

と、見てもらった。

新報は月三回発行しているが、大震災後はいくつかの連載を休載し、紙面の多くを大震災関連の記事で埋めていた。ＪＲが芦屋や住吉までなどと徐々に開通していた頃である。当初は京都（本山）からバイクで編集の職員が「阪神・淡路」へ取材に行った。二月十日号の一面には、「門徒の死者、判明分だけで５８３人（４日現在）」という「見出し」があった。その紙面を見て、

「信者さんが亡くなったことを書けるんですか」

という発言があったのである。さらに、

「私の教団では、死んだらだめなんですよ」

というようなことも言われた。

「死」を「触れられない教団」という話に一瞬驚いたが、「なるほど」と、そ

れまでしっくりきてなかった「思い（疑問）」が解けた。

宗教「三大紙」

私は、一九七一年（昭和四十六年）から七八年までの七年間（二十六歳～三十三歳）、『文化時報』の記者を経験した。『文化時報』は『中外日報』『仏教タイムス』とともに仏教（宗教）界の専門紙としての「三大紙」といえる。中外は福井県の西本願寺の寺院出身の真渓涙骨氏が一八九七年（明治三十年）に京都で創刊、仏タイは西本願寺僧侶の常光浩然氏が一九四六年（昭和二十一年）に広島で創刊（五〇年に東京へ）、文化は一九二三年（大正十二年）に中外の論調に対抗する新聞として西本願寺の僧侶らが創刊した（戦後、経営主体が変わった）。三紙とも創刊時は西本願寺と深い縁がある。

他の二紙もそうだが、記者はいくつかの宗派を担当しており、私は西本願寺

（本願寺派）、妙心寺（臨済宗妙心寺派）、それに金剛峯寺（高野山真言宗）が担当だった。西本願寺にある宗教記者クラブ（京都宗教記者会）を拠点にして妙心寺の宗務本所などを訪ねていた。宗教専門紙は、宗政（宗議会＝本願寺派は宗会）や宗務行政の動きを報道するのが中心である。担当宗派が宗議会開催中は、議員や内局（総局）員のところへ俗に言う「夜討朝駆け」をしなければならず、その間はその宗派（本山）にへばりついていた（高野山は宿坊などへ泊まり込み）。また、他の記者が担当する宗派の宗議会開催日が重なったりして、大谷派、仏光寺派、興正派や浄土宗（知恩院）、真言宗の智山派（智積院）、豊山派（長谷寺）、東寺真言宗、御室派（仁和寺）などの宗議会もすけっとで何度か取材した。

六九年に起きた大谷派の「開申事件」（当時の法主が宗派の管長職のみを長男へ譲るというもの）は、在職した時期に激しく紛糾、「教団問題」になっていた。記者会見もたびたび開かれ、私もすけっとでかけつけて、一般紙の記者（京都宗教記者会には十三社加盟）と一緒に、東本願寺の長い廊下や境内を走り回ったこともあった。

取材は既成教団（伝統仏教）だけではなく、新宗教あるいは新興宗教教団にも及んだ。そういう新宗教教団の教化の現場を取材してみると、まさに蓮如上人の「講」や「平座」の教化活動を連想できたりした。説かれている内容も「真宗」の教えを「かみ砕いた」ような「教え」があった。真宗に似た感じがするのだが「何かが違う」のである。

後生の一大事がない

まわりくどくなったが、

「何かが違う」

という疑問が解けたのが、最初に紹介した新宗教教団の方の「発言」だった。

一瞬であった。

「なるほど」

と疑問が解けたのだ。

それは「真宗」的でありながら、「死について触れられない」ということ。つまり「後生の一大事」（66頁参照）がないということが「違う」ということであった。

言い換えれば「お浄土」がないという当然といえば当然のことだったわけだ。しかし、あまりにも教化の方法や「説かれ方」が真宗的というか「蓮如さん的」であることから「何かが違う」という「疑問」を抱いていたのである。送られてきた新宗教教団の機関紙誌を読み直してみると信者さんが幸せになった、夫婦仲がよくなった、病気が治ったという「おかげ話」にみちていた。

ところで、教団の歴史を見るときに、開拓で沢山の人が北海道に移住したときは北陸を中心にした寺（僧侶）が「移り住んだ」ことや、日本人が移民したハワイ、南米、北米、カナダなど、いわゆる海外開教もそうであったが「人の大移動」にあわせて寺院建立がなされている。明治維新によって国の中心が東京へ移り、首都圏の人口増加に対応する寺院建立もあった。しかし、一九六〇年代以降のいわゆる高度経済成長期の首都圏人口の増加はあまりにも急激すぎたこともあり、寺院建立もままならなかった。

私は一九七九年の「半年間」を東京で過ごしたが、本山（宗務所）の広報部門から出向して築地本願寺を拠点にしていた。そのころ、宗門発展計画の一環として「都市開教」が進められ、築地本願寺で研修を行い「布教所」を作り、寺院化を目指している人たちの会合に参加させてもらっていたが、その後大変な苦労をされて十年あるいは二十年、中には三十年かけて「寺」になっていった。それによって寺はかなり増えたが、「首都圏（本稿では東京都と静岡県を入れた八県＝本願寺派東京教区の区域とする）」には、大谷派など真宗十派や真宗系単立寺院を含めても浄土真宗の寺院は（単立の寺院数がはっきりわからないが）千百カ寺ほどではないか、と思われる。

私が住む、人口百四十万人の滋賀県に浄土真宗の寺院が千六百ヵ寺あるのに比較して人口四千六百万人の「首都圏」には千百ヵ寺ほどなのである。別の見方をすれば、真宗十派（真宗教団連合）の寺は全国で二万千ヵ寺ほどある。全国の人口比で単純にいえば「首都圏」に七千五百ヵ寺あっていいわけである。もちろん、首都圏に「流入」した人たち全てが「門徒」ではないが、「先祖が門徒」という人が過半ではないだろうか。また、他の伝統仏教教団の寺院も特に急増しておらず、首都圏は「真宗（仏教）不毛地帯」になったといえる（コンビニの数より多いといわれる仏教寺院＝七万七千ヵ寺を人口比でみると、「首都圏」に二万八千ヵ寺あっていいわけだが、一万三千ヵ寺である）。

実は、先述した新宗教教団は、この「不毛地帯」を足がかりに、延びていったのである。また、新宗教教団にも関心を抱かない人もたくさん生まれたはずである。「無宗教」の人である。「直葬」はそのひとつの現れであるといっていいだろう。

死を知らずに動く日本の中心部

つまり、日本の中心である首都圏には政治・行政・司法はもちろん経済・教育・文化・芸能などほとんどの活動の中枢が置かれているのだが、そこには、「死について触れない生き方」あるいは「無宗教」の「生き方」、浄土真宗的にいえば「後生の一大事」つまり「お浄土」がない生き方をしている人が多いということになる。別の表現をすれば、現代日本の原動力は「死を知らずに（死から逃げて）」動いているといえるのではなかろうか。かつて大阪の船場で生活する人（経済人）が御堂さん（東・西本願寺の別院）の鐘が聞こえるところで商売をしたい、と思った、そういう風潮は期待しようもないのである。

私は「合掌ができない子ども（大人も）」が生まれた根本要因がそこにあるように思う。「合掌がない」生き方は、他者への思いやりが育てられず、ましてや「生かされている」ことへの気づきも遠のく。かろうじて「人間中心主義ではいけない」という「反省」はあっても、「人間は、人間中心（傲慢）にしか生きられない」ことへの「気づきを踏まえて」の「反省」までは至りにくい。「他への思いが育てられず」「（死を避けた）〝生〟だけの生き方」からは「自分だけしか存在しない」ことになってしまう。そこからは、自分にとって、「都合の良い生き方」しかできなくなるのではなかろうか。

結論めいた表現をすれば、「安心して死んでいける世界」があることとは、「安心して生きていける」ということであり、それがないということは、「安心できない」社会になってしまう、まさに現代社会にその姿を見ることが出来る。「人間は死ぬ」ということを「避け」たために「安心できない社会」になったとも言える。

このような現状をみるときに「後生の一大事（お浄土）」を説く「浄土真宗」が現代にいかに求められ必要とされているかが窺えるはずだ。そして、「むごい事件」のニュースが出るたびに僧侶（私）の責任は深まる。

※**後生の一大事**＝生死の問題を解決して後生に浄土に往生するという人生における最重要事（『浄土真宗聖典（註釈版）第２版』本願寺出版社刊）。

第3章

消えた「お浄土」

集団就職列車は二十年間走った

九州新幹線が開通して新大阪—熊本間を三時間たらず（鹿児島までは三時間四十五分）で「みずほ」が走っている。五十年ほど前、一九六三年（昭和三十八年）三月、高校を卒業した私は熊本の少し手前（博多寄り）の大牟田駅でたくさんの級友が乗った集団就職（臨時）列車を見送った。級友たちは関西、中京、関東などへ就職していった。新幹線はまだなくて在来線の夜行列車で大阪—熊本間は十四時間はかかっていた。大牟田（九州）からの級友の就職先の多くは関西、中京が多かった。映画「ＡＬＷＡＹＳ　三丁目の夕日」を観られた方は、

「星野六子」が鈴木オートに勤めるために集団就職列車で東北から上野へ向かったことを思い出されると思うが、昭和三十年代から四十年代にかけて約二十年間、全国各地から中学、高校を卒業した人たちのための集団就職列車が走っていた。日本の高度経済成長期の始まりに伴う求人に応えて関東から中京、関西に至る「東海道メガロポリス」と呼ばれる地域に向かい、「住み込み」や「会社の寮」で多くの若者が生活を始めた。その後、大学進学率があがったが大学卒業後も多くの人がその地域で就職し、生活の基盤を作った。さらにその後も北海道や九州の炭坑などや各地の農林業などの離職者の多くが東海道メガロポリスに移り住み、また子が親を呼び寄せたりして現在はそこに日本の人口の五割が住んでいる。

一九五四年（昭和二十九年）に青森から上野に向かった集団就職列車の始まりは、「核家族」化への発車ベルでもあった。就職した若者はやがて結婚して「住み込み」や「寮」を離れ所帯を持ち子どもが生まれた。親元から遠く離れた「核家族」である。そして、炊飯器、掃除機、洗濯機など生活に必要なものを揃えた（親が贈った）。しかし、ほとんどの新家庭に「大事」なものが揃えられなかった。

一九九八年（平成十年）に、西本願寺で百日間厳修された蓮如上人五百回遠忌法要で、大谷光真ご門主はいくつかのお示しのひとつとして毎日（最終日のご満座での全門信徒へのメッセージであるご消息でも）、「分家した子や孫、単身で生活する子や孫にご本尊・お仏壇を贈りましょう」と述べられた。

揃えられなかった「大事」なものがそれである。お仏壇（ご本尊）なのだ。そして今、集団就職列車を見送った親からすると孫の世代の世帯になりつつある。

青木新門さん

二〇〇八年の夏だった。映画『崖の上のポニョ』を観に行ったときの予告編で『おくりびと』があった。変なタイトルと感じつつ突然、納棺の様子が映し出され驚いた。どう見ても作家・青木新門さんの著書『納棺夫日記』を連想する内容だったが「原作・青木新門」という名前は出てこない。秋になって、封切近くになり新聞広告など宣伝が始まったが、やはり青木さんの名は出ていない。観るだけ観てみようと思い映画館へ行ったが、どう観ても『納棺夫日記』である。パンフレットを買って読んだがどこにも「青木新門」という名前はなかった。これは本人に聞くしかないと思い、何度か『本願寺新報』に執筆いただき面識があったのでメールした。その返事を読んで、「このことは新報の読者に知ってもらいたい。書かせてもらっていいですか」とお願いしたら、「どうぞ」ということで書いたのが次の原稿である。

俳優の本木雅弘さんが「死と生の淵を覗きたくて」と十数年前にインドを尋ねたことが縁で作家・青木新門さんの『納棺夫日記』に出遇い、その映画化に奔走して自ら主役を演じ完成した『おくりびと』が好評という。

この映画は当初、「原作・青木新門」、仮題『納棺夫日記』で制作が進められていたが、シナリオが作られる段階で青木さんの「着地点が違う」という主張と折り合いがつかず、原作者名とタイトル（「納棺夫」は青木さんの造語）を使わないという条件だけで青木さんは引き下がったという。

青木さんに言わせれば、着地が〈アニミズムのレベル〉のものを了解するわけにはいかない、ということだそうだが、著作権を放棄してまで信念を貫く姿勢に敬服した。そういう青木さんは「病院の霊安室から親族に看取られることなくお棺に納められ直接葬場へ運ばれる現状に一石を投じた映画になっている」と評価もする（以下略）。

（『本願寺新報』二〇〇八年十一月一日号「赤光白光」）

青木さんの言う「アニミズム」とはなにか。『広辞苑』には、「宗教の原初的な超自然観の一。自然界のあらゆる事物は、具体的な形象をもつと同時に、それぞれ固有の霊魂や精霊などの霊的存在を有するとみなし、諸現象はその意思や働きによるものと見なす信仰」と解説する。この解説では、すこし抽象的すぎる。そこで改めて岸本英夫さんの『宗教学』を参考にすると、アニミズムは、「神観」の一つとして次のように論じてある。

まず、原始文化の神観についてみる。そこでは、精霊（spirit）の存在が信じられている。樹木や、山や、嵐など、いろいろな自然現象に、精霊が宿ると考える。タイラーは、これが、人間文化における、宗教の、一番はや

い形態であると考えた。これを、アニミズムという。（同書九二頁）

読者のなかには、「精霊」という言葉で思い出す人もおられるのではないだろうか。日本では、「千の風になって」という歌になって流行った、その「千の風」（精霊）と『おくりびと』が青木さんは、同質になった、と言われたのである。

それから四カ月ほどたった翌年二月、『おくりびと』が「アカデミー賞」を受賞。「原作者」として青木さんは全国紙の一面で紹介されるなど、その後のことはあらためて記すことはないほど多くのマスコミに取り上げられ、今も語られている。

『納棺夫日記』は、第一章と第二章で青木さんの人生遍歴と「納棺夫」としての体験を綴り、第三章で「浄土真宗（後生の一大事）との出遇い」を語っている。まさに、第三章が「着地点」である。ところが、映画の脚本家は、その第三章を「削った」のである。それは先に述べた「（現代日本に）お浄土がない生き方」になっていることを象徴している。青木さんは、それを見過ごすことができなかったのである。しかし、青木さんは、「引き下がった」が「死と向き合う」部分は「残っている」と映画を評価する。そしてその後、各地での講演などで削られた「第三章（後生の一大事）」を語り続けておられる。

私は、『おくりびと』が削った（つまり『納棺夫日記』の削られた）部分に「現代日本人の苦悩」を解く鍵があると思う。

お浄土がない生き方

ところで、青木さんは『本願寺新報』の「ひと」欄に、『納棺夫日記』（富山の桂書房から初刊行されたのは一九九三年）が出版される以前の一九九〇年に紹介されている。葬儀社に勤めていた青木さんは浄土真宗の葬儀での「清め塩の廃止」の取り組みを、地元の富山別院や寺院とタイアップして行っていた。青木さんが勤める葬儀社の㈱オークスがその前の年に「清め塩の完全廃止」を行ったが、常務（当時）の青木さんが先頭に立って推進してこられ、「ひと」欄での紹介となったのである。

親族や地縁の人たちによって「無償」で行われていた葬儀（土葬・火葬も）が、「都市化」とともに「葬儀業」が発生し「湯灌・納棺」を行う「納棺夫」が生まれた。青木さんがやむにやまれずそれを手掛けたことは『納棺夫日記』にあるとおりだ。葬儀を「葬儀社」が行うようになった。そして、浄土真宗ではあり得ない「清め塩」が浄土真宗の葬儀で行われていることに疑問を持った青木さんは、自らその「撤廃」に努力されていたのである。

葬儀に「葬儀社」が本格的に関わるようになったのは第二次世界大戦後（戦前は主要都市にあった程度）であり、それが地方までに及んだのは高度経済成長期以後である。それまでは、ほとんどが亡くなった方の自宅や寺で営まれた。その葬儀が、「首都圏」を始め主要都市では葬儀社が造った「会館（ホール）」で営まれるようになり、今では全国各地に「会館」ができた。ただ、私が住む滋賀県大津市に「会館」ができたのは平成になってからであり、地方にまで会館ができたのはこの十年から二十年ほどの間である。

「親族」は近くにおらず「地縁」もない。加えて生きるための利便を優先する住宅事情から「葬儀の場」が「会館」に変わったのも当然の流れであったといえよう。青木さんの「職業」は、そうした時代への要請であった。そして、そのような時代と社会に向かって、「清め塩」廃止の活動をはじめ、何にもまして『納棺夫日記』を執筆され、私たちに大きな問題を提起されていたのだ。それは「お浄土がない生き方」への反省でもあった。

八〇年代になると官民一体で経済の活性化が叫ばれ「バブル経済」の時代を迎える。そして自由経済という名のもとに葬儀という典型的な宗教活動まで「経済市場」の中に取り込んでいった。そこでは、「直葬」が普通のことになっていく。さらにここ数年には「葬式はいらない」といった本が出版されベストセラーとなり、ついには「布施の金額表」を作る「業者」まで現出した。「小泉改革」によって「教育」や「福祉」などがより一層「経済市場」に組み込まれたが、「宗教」もその延長線上に位置づけられたというほかない。葬儀が「いかに儲かるか」という「経済の土俵」に乗ってしまったわけだが、少なくとも「儲かる話」から「信仰」が生まれることは稀である。

ところで、私が住む滋賀県大津市に「会館（ホール）」が出来たのは、十五年ほど前であり、地方都市に急増したのはその後である。

私が入寺した九〇年には大津市に会館はまだなくて、葬儀は自宅（あるいは自治会館など）か寺で営まれていた。今、自宅での葬儀は殆どなくなり（「自宅葬儀」を廃止する葬儀社もでてきている）、寺での葬儀は住職など寺の家族の場合に限られてきている。家で営まれていたときは臨終勤行（枕経）や通夜では、僧侶と一緒に遺体の周りに家族・親戚が集まりアルバムを引っ張り出したりして、故人を偲ぶ時間もあったが、会館になってからは、通夜も葬儀も僧侶は「控え室」に案内され、読経の時間に「登場」するだけで、家族とともに過ごす時間は少なくなった。臨終勤行に出向いても、家族は葬儀の時間調整や荘厳壇（祭壇）をいくらにするか、など葬儀社との「交渉」に追われている。

殆どの人が病院で亡くなり、死の現場に立ち会うのはわずかの親族だけであり、そのまま「会館」へ運ばれ、親戚など近しい人が「遇える」のは、出棺前の「お別れ」のわずかな時間だけである。しかも、「家族葬」や「直葬」が増えて、親戚であっても「はがきで知らされる」ことも珍しくない。近しい人の死を実感（体験）することがなくなった。

会館になってからは、向こう三軒両隣であっても弔問する（会館へ行く）のは、家族の中のひとりだけが一般的になったが、自宅で営まれていた頃は近所の家族も出棺を見送り手を合わせた。「死の現場を体験する機会がなくなった」ことと「合掌ができない」ことは微妙にリンクしている。

「新幹線」から「夜行列車」へ

私が集団就職列車を見送ってから五十年の間の「首都圏」の急激な人口増加は、「(死を避けた)浄土真宗(仏教)不毛地帯」を生みだしてきたのだ。その五十年の間に「お仏壇(ご本尊)」が「消え」、そして「葬儀」が「消え」つつある。それは「コマ回し」「たこ揚げ」「はねつき」などが「消えた」のとは意味が違う。そして、その背景に生まれたのが、「合掌ができない子どもたち(大人も)」である。

今私たちの生き方は、「新幹線」ではなく、「夜行列車」の時代に立って、この五十年（戦後六十五年）の歴史を再度検証することが求められているように思う。そのためにはまず戦前の百年、つまり江戸時代に日本が鎖国を解き開国し、私たちの先達が維新政府の廃仏毀釈の大嵐を乗り越え、さらに日清・日露、アジア太平洋十五年戦争が終わった一九四五年（昭和二十年）までの浄土真宗の百年を「検証」し、次に戦前に連続する「宗教の戦後体制」のなかでの「浄土真宗の構造」を検証することが大切な課題になるのではないだろうか。では、その「宗教の戦後体制」は、今どのような状況にあるのだろうか。宗教学の島薗進さんは、そうした時代状況について、新宗教の研究から次のように分析している。

日本では一九七〇年代以降に進行してきた豊かさの実現と情報社会化、またそれと並行するグローバル化の進行は、新宗教に代わる新しいスタイルの大衆的宗教運動を発展させた、と見ることができる。すなわち、文化の多様性の進展と社会における個人主義的なライフスタイルの広まりによって、新宗教のような共同体的宗教ではなく、主としてメディアによって思想や態度を共有している個々人の、ゆるやかな結合が作りだす宗教運動である。この運動の担い手は、新宗教のように中産階級（中流）の中でも、どちらかといえば、ある程度の学歴をもちかなり高い社会的地位をもつ人々である。この運動は宗教運動であると同時に、知的に洗練された体系的思想を広める知的思想運動という性格ももっている。その意味では、近代の知識人によって広められた、マルクス主義などのユートピア的な社会主義運動の後継者としても捉えられるようなものである。

（『現代救済宗教論』青弓社刊二〇〇六年）

これから三十数年後、つまり、「廃墟からの百年＝戦後百年」を語るときが来たとき、かつて高度経済成長やバブル経済によって失われた「信仰」を、また島薗さんが分析した時代を、どのような姿にして、私たちが取り戻しているかどうかが問われる。つまり、それは、これからの「三十数年」を「浄土真宗」が、「合掌できる人々」が、「後生の一大事」をこころにかけて仏の光に照らされ、いかに世界に開かれて生きていくかにかかっているのだ。

三池炭坑

月が出た出た　月が出た
三池炭坑の上に出た…
（「炭坑節」）

私は、この三池炭坑（福岡県大牟田市・熊本県荒尾市）三川鉱の近く（正門まで二百メートルほど）で生まれた。大牟田南高校一年のときに『大牟田日日新聞』（当時）に「ああ、この一年」と題して書いた原稿が三回連載されたが、その中に次の一文がある。

昨年のきょう、つまり三川鉱乱闘事件の日、僕は外のざわめきで目を覚ました。五時半位。きょう、新労組が強行就労するとは聞いていたし、また昨夜は旧労組員が三川鉱入口四つ角で棒切れをもって立っていたので何かあるのだなあと思って外に出てみるとNHKの自動車が目の前にあり、旧労組員がたくさんおられ、近所の人々も四つ角にたくさんおられた。東の方がようやく明るくなってきたころ、港クラブ前で突然花火がドドンとなった。諏訪橋の方から新労組員がやってきた。そして乱闘。新労組の旗が構内に入った時、一瞬ワーッと喚声が上がり、数分たったら血の吹き出ている人を肩にかけタンカで運んでおられる。空にはヘリコプターが二、三機飛んでいた。

「昨年のきょう」とは一九六〇年（昭和三十五年）三月二十八日のことである。

「総資本対総労働の対決」と言われた「三池闘争」は、前年の十二月に千二百七十八人の指名解雇勧告を会社側（三井鉱山）が行ったことに始まり、三池炭坑労働組合は一月五日に総決起大会を開き、勧告に応じなかった千二百二人への指名解雇状を一括返上。二十三日にロックアウト（会社側が事業場を閉鎖して就労を拒否すること）通告を三井鉱山が行ったが、三池労組は即刻、無期限ストを通告し突入、三池炭坑の全機能がストップした。そして、三月十七日に三池炭坑新労働組合が発足。三月二十八日、三井鉱山は、新労組員を三川鉱に就労させ生産再開を強行しようとし、労組員と激しい乱闘事件が起きたのだ。その日の朝のことを記した一文である。

中学を卒業したばかり（十五歳）の私は、塀をよじ登って三川鉱内へ入ろうとする労働者に対し、これを引き下ろそうとする別の労働者がいる現実を目の当たりにして、「どうして同じ働くもの同士が…」という素朴な疑問を抱いた。その疑問は、その後の人生において、私が物事を考える「原点」になり、それから五十年が経った。

江戸末期から昭和中期までの日本のエネルギー源だった石炭は、そもそも蓮如上人（一四一五年〜一四九九年）の時代（三池は一四六九年）に「燃える石」として発見されたが、本格的に採炭が始まったのは江戸末期の藩営、明治初期の官営になってからである。そして、明治中期に民間（三池は三井）へ払い下げられ、最盛期には、北海道から九州まで八百を越える炭坑があった。

「開国」した日本が富国強兵策をとり、日清・日露からアジア太平洋十五年戦争まで、まさに蒸気機関車のように突っ走ったのも石炭があったからという一面がある。その「結末」ともいえる一九四五年（昭和二十年）。そして、廃墟と化した日本が、その後の高度経済成長に向かう時代にも日本には石炭はあった（この間、一八八三年から一九三一年までの囚人労働、一九四三年から敗戦までの朝鮮・中国からの強制連行の問題があることも忘れてはならない）。その後、日本のエネルギー源は石油に転換され、石炭はまだあるのに「国策」によって炭坑は廃坑となった。

三池も一九九七年（平成九年）に閉山、現在日本に炭坑はない。

ところで、「労働者同士がどうして」という疑問（原点）については、千二百人を越える人たちの指名解雇を残る（九千人の）労働者が許さないということで「総資本対総労働」の闘い（三池闘争）になったわけだが、闘争が長期化する中で、あくまでも戦うという者と生活を破壊してまで闘えないという者との煩悶などが「労働者同士の闘い」になったとその後の人生の中で私は学んだ。

つまり、「労働者対労働者」の闘いという「目の前の現象」は「結果」であった。それは、物事の判断は目の前の現象だけで判断してはいけない、その背景にある「本質を見る」ことが大事だということの学びでもあった。

それからの私の人生の中では、例えば京都駅前で貰った「国労」のチラシや『沈まぬ太陽』を読んだときに国鉄（ＪＲ）や日本航空にも「労働者同士がどうして」という状況があることを感じた。そして、「三池闘争」はその後の日本社会に活かされていないというよりも、「資本の側」は皮相にも「三池」から

「学んだ」と思う。一例をあげてみよう。

子どもに責任はない

「三池闘争」から三年後の一九六三年十一月九日、三川鉱で炭じん爆発が起こり、四百五十八人が死亡、八百三十九人が一酸化炭素中毒患者になり、今なお苦しんでいる人がいる。炭坑で働く人は落盤事故など常に危険な状況にさらされているが、この炭じん爆発は、大規模な人員削減（解雇）、つまり合理化の名による労働者の「切り捨て」によって安全管理が手薄になったことが大きな要因になっていたのだ。

私はかつて『本願寺新報』のコラム「赤光白光」のなかでＪＲ福知山線の脱線事故について次のように書いた。

従来、百三十キロものスピードを出し、急なカーブにさしかかると七十キロへ急減速しなければならないようなダイヤが組まれてきたが、それはATSという列車自動停止装置の設置が前提であった。それなのに、JR西日本はATS設置は先送りして、「人間の能力」だけに頼ったダイヤを組んで来た。

（以下略・二〇〇六年三月一日号）。

JR福知山線では、乗客と運転手の百七人が亡くなった。遺族や負傷者そして列車が飛び込んだマンションの人たちは、今も事故の究明をJR西日本に迫っている。そして、その後の裁判の経過などから、このJR事故が、あの「炭じん爆発事故」と重なって仕方ないのだ。つまり、合理化の名による安全管理の手薄さだ。ここにも「三池」から何も学んでいない働く環境、社会が指摘できるだろう。ATS設置を先送りするなら伊丹―尼崎間に「運転助手」を乗せるなどの安全運転への配慮が不可避だった。

さらに、「人間の能力だけに頼る」という発想は、「人間は何をしでかすかわからない」ということを教える「仏教（真宗）」、つまり宗教心の欠如からきている。あるいは「無宗教」も含めて現代日本の宗教情況の反映である。そこでは、「資本」は、無宗教に相似し、儲けること、儲かることが第一義なのだ。

逆の見方をすれば、このような価値観に自らのいのちを任すほかない現代日本にこそ、宗教心、つまり「お浄土（後生の一大事）」がある教え（浄土真宗）が求められているということである。

このように考えてみると、実は「合掌ができない」のは「子ども」ではなく「大人」であった。子どもに責任はない。

近年、「パワースポット」（聖地・落ち着く・元気をもらえる＝癒やしの場）という言葉が目立つようになった。そこへ出かけているのは「大人」である。作家の青木新門さんは「人は宗教を見失ったとき、癒やしを求める」（『本願寺新報』二〇〇九年八月一日号）と言う。「宗教不在の現代」を裏付ける言葉である。

ただ、私は「お念仏（後生の一大事）の世界」に入るプロセス（過程）には「パワースポット」も必要だと思う。大平光代さんの祖母に象徴される真宗門徒は、毎日の家庭でのお仏壇（ご本尊）の前、月に一度のお寺の本堂、そして、年に一度の本山が「パワースポット」であった、といえるのではないだろうか。そういう人たちは、わざわざ遠い所まで「パワースポット」を探しに行く必要はなかったわけである。

地蔵盆で「合掌ができない子どもたち」の存在を知り、それは「大人たち」であったことがわかった。そういう人たちには、現在お寺の法座で話されているような内容は通じないのではないかという課題を荷った。この課題へいかに向き合い取り組むかによって、少なくとも三十五年後の「敗戦百年」のころに、「お念仏の教え（後生の一大事）」が空気のごとく存在する社会になっているかどうかということである。

その社会とは、三十五年ほど前に嘉田由紀子さん（現・滋賀県知事）が研究のために滋賀県内の農山村、湖畔をくまなく回ったときに、「どこへ行ってももったいない、と皆さん言われる」という社会である。そこでは、「おかげさま」という言葉や回りで人が亡くなったときに「お浄土へ還んなさった」が日常会話であり、それは全国の農山漁村での日常でもあった。

五十年ほど前、三池炭坑の「労働者同士がなぜ（乱闘を）」と疑問を持ったころ、私は長屋風社宅の棟が続く炭住街に住んでいる門徒へ、父（住職）の手伝いで、お盆などのお参りに行っていた。各家庭にはそう大きくはないけれどもお仏壇（ご本尊）があった。

第4章

無明を生きる

山を海を土地を、そして地中も汚すのか

以上のように『自照同人』へ連載した「合掌ができない子どもたち」の最終回の掲載号が発行されたのは、「東日本大震災」が発生し、福島第一原発の事故が起こった前日の三月十日だった。また、同じ日に『文藝春秋』四月号が発売されていた。そのなかに「原子力発電から出る高レベル放射性廃棄物はいかにして処分されるのか」という電気事業連合会の「広告」があり、次のように記されていた。

原子力発電に取り組み四十年経過するが、手放しに原発を増やそうという議論ができるわけではない。その理由のひとつとして、これまで運転してきた原発から発生した高レベル放射性廃棄物の処分先が未だ決まっていないことがある。現在、国が検討している高レベル放射性廃棄物の処分方法は、廃棄物を、融かしたガラスと一緒に固め、さらに金属製の厚い容器に入れ、外を締め固めた粘土で覆って地下水に接触しづらくしたものを、地下三百メートル以上の深さの安定した地層（岩盤）のなかに埋没するというものだ。

実際に岐阜県に四百メートルの深さの縦穴を掘り、百メートル毎の横穴でさまざまの研究を行っている。放射性廃棄物処分の解決は、極めて重要かつ喫緊のものとなりつつあるが、地層処分の場所を提供する自治体は今のところない（岐阜県のこの施設も研究のためであり埋め戻される）。処分問題を先延ばしすることなく正面から受け止めるためにも、多くの方が（見学で

きるので）訪れ、地層処分を考えるきっかけにしてほしい。（要約）

つまり、放射性廃棄物（使用済み核燃料）は、まだ科学的に処理できない物質なのであり、しかも「現状の原子力発電を二〇二一年ころまで続けたら約四万本の放射能廃棄物ができてそれを収納させるために三百メートルの地下に数キロメートル四方の広さの施設が必要であり、その後も施設は複数個所必要になるだろう」とも記されていた。

電気事業連合会の「広告」は、「原発は安全だがひとつの問題がある。それは放射能廃棄物の処分方法がまだない」ということをはっきりと言っているにすぎない。そしてその処分施設ができるまでは、電力やガソリンエンジンでポンプを動かし、自然の水をもって「水に浸けて冷やし続け」ることを「人間が監視」するしかないというのだ。それは、「ＡＴＳ」を設置しないままに、自然な「人間の能力」を超えた過密ダイヤを運転させ、その結果である尼崎の列車事故を想起させる。そして、この論理というか現実には、もっと切実な問題が潜んでいる。それは、都市を不夜城のごとく飾り、電力を際限なく使う市場の消費者であり、過密ダイヤをあたりまえとして利用する社会の仕組みを繁栄として誇ってきた生き方である。

電気事業連合会の「広告」掲載の翌日にその「ひとつの問題」が発生した。

さらに、この広告で感じたことがある。それは、私たち人間は、山を汚し、海を汚し、土地を汚し続け、もはや取り返しがつかないほどの地球環境の破壊を行ってきたが、さらに「地中まで汚しつつ」あるということだ。そして、「原発問題」は消費者である私たちが、同時に自然を破壊する「資本」の側にも立っていることを教えてくれた。

「安全だが、ひとつ問題がある。皆で考えよう」と呼びかけた広告は、「翌日」がなければ、そう深く「考えないまま」に日が経っていただろう。そして、「安全神話」を信じた国民が「現地」を「観光気分」で訪ねていただろう。

原発はどうして危険なのか

二〇一一年三月十一日午後二時四十六分、その時、私はパソコンに向かっていた。あらゆるものがゆらゆらと揺れた。何かとほうもない力の揺れを感じたのだ。すぐに居間に行きテレビをつけた。二階に居た長女が「揺れたなあ」と降りてきて、「まだ揺れているな」（妻は外出していた）などと会話した後、テレビはまるで映画をみているような「津波」の悲惨な現実を映し出し始めた。

翌日、菅直人首相が早朝から福島第一原子力発電所へ向かった。パフォーマンスという声もあるが、私は一国の首相があの大地震や大津波の被災地より先に原発事故の現場へ向かわなければならないことになった現実に対して、「（国民としての）責任」、あるいは「申し訳のなさ」を感じた。

この日以後、私は、「原発の真相」を語るいくつかの講演会へ出かけた。また、偶々神戸の古書店で見つけた『原子炉被爆日記』（森江信著）は、三十二年前に出版されているのに驚いた。森江さんは、原発関連会社の社員だったが、『原子炉被爆日記』は、「福島原発の今」と副題をつけてもよいほど「原発の真実」が綴られていた。原発は、森江さんのような関連会社社員や作業員、地元の人たちによって運転されてきたのである。そして、このような事実を書いた本が他にもあった。原発の「真実」がこんなに書かれ、語られていたのだ。私は、その多さに驚き、今までいかに「安全神話」に浸っていたかを思い知らされた。悔しかった。

なかでも、一九九一年二月二十一日に真宗大谷派の金沢教務所で開かれた科学者の高木仁三郎氏（故人）の講演をまとめた『科学の原理と人間の原理』は、私自身の考えに大きな示唆を与えてくれた。それは、今から二十年前の講演であり、高木氏は二〇〇〇年にがんのために六十二歳でなくなっているが、同教務所の金沢教学研究室修了生の会が「普遍的な問題提起」であると改めて捉え直し、「3・11」を受けてテープを起こして発刊したものである。講演者の高木氏は、大学で原子核科学という放射能を扱う研究を行い、福島原発の原子炉設置に関わった人である。同書の副題は「人間が天の火を盗んだ―その火の近くに生命はない」とつけられている。それは、天上から火を盗んだギリシャ神話にちなむ。ちなみに火を盗んだのは、プロメテウスであった。その名前の由来はプロ（pro）、「先に、前に」という言葉とメテウス（metheus）、「考える者」という語源にあるという。『広辞苑』には、「天上の火を人間に与えてゼウスの怒りを買い、コーカサス山に鎖でつながれ、大鷲にその肝臓を食われたが、ヘラクレスに助けられた。また、水と泥から人間を創り、他の獣のもつ全能力を付与した」とも解説する。今その副題を私なりに解釈すると、「原子の火を人間が（人間の力で）使うことは盗みであり、それはしてはいけない。その火の近くに生命はない」という意味になろうか。

ところで、「示唆を与えられた」というその内容であるが、私は本書の冒頭

—「原発」は「原爆」—のなかで「使用済み核燃料の処理方法がないまま稼働してはいけない」と述べたが、高木氏は、「私は、今はまだ安全が確立しないからダメという議論はとらない。原理的に人間の生きる原理と相容れない」「核の火は消せない火である」と、原子核科学者としての的確な指摘をしておられるのだ。それは、人間の知性では見つからないだろうが、もし処理方法が見つかったにしても、原発は絶対に稼働してはいけないと言っておられるのである。そして、その理由について、「(原子炉を停止しても)炉心にいっぱい熱がたまっている。なぜかというと死の灰が熱を発生し続けるからである。灰というと冷えているものというイメージがあるが冷えてはいない。死の灰は原子炉が止まっても水が抜けて空焚きのままだとメルトダウン(炉心溶融)してしまうから、ものすごい発熱量を持っている。それは、灰ではなく熾(おき)である」と。つまり、原発の燃料である原子核は、まさに「天上の火」なのであり、一旦、その火が暴走すれば、今私たちが経験している通りの原発事故を引き起こし、その制御は世代を超えて取り組まなければならない。さらに核のなかには、何万年という私たちの想像を超えた時間、地球上のすべてに計り知れない影響をもたらすのである。それが、すべての原発の「真相」なのである。今全ての原発を停止したとしても炉心や「使用済み核燃料」の「火」は消えない。私たちはすでに数万本の「熾」を抱え込んでしまったわけだ。私たちはこの現実を踏まえなければならない。少なくとももうこれ以上「熾」を増やしてはならないのだ（先の『文藝春秋』（電気事業連合会の広告）によれば、「現状の原子力発電を二〇二一年ころまで続けたときに高レベル放射性廃棄物は約四万本になる（要旨）」と記している）。

私は想う。

福島第一原発の「熾」は、すでに何十年と、放射能を流し続けてきたのだ。海へ山へ土地へ。すべてのいのちをむしばんできたのだ。人間だけではなく、動物、植物、魚貝全てのいのちをむしばんでいる。もちろん、人間は多くのいのちをむしばみながら生きているが、それが最小限になる努力はしなければばならない。ましてや人間の力では消すことができない「熾」を、今日までに残しただけでも大変な数であるのに、これ以上増やすことは、仏教（真宗）の教えである「いのちを大切に」と聞き、そして説いてきた私には許せないのである。

ちなみに、『科学の原理と人間の原理』の「まえがき」は、高木氏の妻である久仁子さんが書いておられるが、その文末に高木氏が亡くなる直前（二〇〇〇年）に書いた「友へ」と題した次のようなメッセージの一部を引用されている。

…原子力時代の末期症状による大事故の危険と結局は放射性廃棄物がたれ流しになっていくのではないかということに対する危惧の念は、今、先に逝ってしまう人間の心を最も悩ますものです。

後に残る人々が、歴史を見通す透徹した知力と、大胆に現実に立ち向かう活発な行動力をもって、一刻も早く原子力の時代にピリオドをつけ、その賢明な終局に英知を結集されることを願ってやみません。私は何処かで、必ず、その皆さまの活動を見守っていることでしょう。いつまでも皆さんとともに。

今、そのもっとも親愛なる「友」は、原発事故に苦しむ日本国民全員ではなかろうか。

無明を生きる

私は二十五年ほど前、「原子力発電」に関して『仏教タイムス』にコラムを書いたことがある。一九八四年から九〇年まで毎月一回コラム（時鐘）を担当したなかで「原発が問う現代人の傲慢」と題する次の一文である。

最近、無明（むみょう）という言葉になぜかこだわるようになった。その仏教的意味をいまここで書きしるす必要はないと思うが、結論からいえば、「科学の盲信」が、現代人という私自身における無明さを作り出しているのではないかと思う。

例えば、最近の異常気象で、梅雨に雨が降らなければ科学の力でなんとか出来ないものか、と思うし、台風がくれば、これだけ科学技術が発達したのだから、その力で進路を変えることが出来ないものかと思う。

ところが、科学技術の発達そのものが、海を汚し、また宇宙を荒すことによって異常気象の大きな要因になっているわけだ。

電力は、すでに原子力が大きなウエイトを占めてきて、電力会社は「原子力はもう〝普段着エネルギー〟です」と宣伝している。

私たちは、果たして原子力発電を〝普段着〟にしてよいのだろうか。科学技術の発達によって地球そのものが青息吐息になっている。そのように極限状態になっているのにまだ〝科学の力でなんとかなるのではないか〟と思っている、そのことが科学の盲信であり、現代人が持っている傲（ごう）慢さ、おごりである。つまり、現代の無明さがそこにあると思うのである。

今、必要なことは、その無明さを持つ私そのものに仏の光があてられ、あきらかにされていくことだ。

それによって、混沌とした現代社会を、私が力強く生きていく道が開かれて来るように思う。

また、それによって、私たちが今享受している科学技術の発達から来る豊かな生活に、犠牲を払うことも必要になって来るだろう。しかし、そこから得られるものこそ本当の「豊かな生活」といえるのではなかろうか。

万人平等の教えである仏教は、全ての人が聞くことからはじまるが、その教えを説く立場にある者は、なおさらのこと、その自覚を深めることが、今大事なことであるように思う。


（『仏教タイムス』・一九八八年八月五日付）

ひとりの人間の発言は微々たるものであるにしても、僧侶として発言を続けることが大事だった。それから二十数年、私は、「安全神話」に安住してきたことを恥じる。それはまた、『自照同人』と重なることにもなるが、「僧侶の責任」ということである。同じく『仏教タイムス』のコラムに「〃手遅れ〃なのは宗教界…」と題した一文を書いている。

「手遅れ」という言葉がある。昔から存在する言葉であるが、この言葉ほど今（現代）を象徴するものはないのではなかろうか。

そのことに気付いたのは例の塚本三郎民社党委員長の「退陣」表明に対する新聞論調や投書欄で、「遅すぎる」というものが多いことを読みながらのことだ。

そして、「政界は今こそ自浄能力示せ」などの論が目立つが、「リクルート」に代表される〃現実〃を知った国民は、今の政界（少なくとも自公民）に自浄能力があるとは思っていないし、そういう期待も持っていない、つまり「手遅れ」なのである。そして「手遅れ」の状況は、単に政界だけでなく原子力発電や遺伝子の操作などで科学の世界でも言えるし、目黒の中学生による両親・祖母殺しに象徴されるように教育界においても言えることだ。

そのほかのジャンルにおいても同様の具体例を上げることができるだろうが、そのような政治、科学、教育の世界の「手遅れ」状況に対して宗教は何ができるだろうか。

結論から先に言えば、宗教界がすでに「手遅れ」の状況になっているといえよう。いや、宗教界が「手遅れ」になってしまったから各界もそうなってしまったと言っても過言ではない。

今月十二日のＮＨＫ教育テレビ「こころの時代」で、教育者であり宗教者でもある西元宗助・京都府立大学名誉教授は「東京・目黒の中学生の両親・祖母殺しが起こったとき思ったことは、これは教育の敗北である。私、自身の責任であるということです」と言い切った。

たとえ「手遅れ」であっても、なんとか「助かる」方法があるとすれば、西元先生が示されたような厳しい姿勢ではなかろうか。

たとえば、リクルート事件は他人事でなく、そういう事件が起こったことは「宗教者の責任です」という姿勢があってこそ、宗教界の「再生」があると思う。

（同・一九八九年二月二十五日付）

ちょっとくどいが、前述したように、戦後のわが国の学校教育の破たんを書かれた西元名誉教授の衝撃的な言葉は、二〇〇五年に『本願寺新報』のコラム「赤光白光」にも記したので紹介する。

昭和の終わり、六十三年七月に東京で中学二年の男子が父と母を斬殺し、可愛がってくれた祖母まで殺してしまうという事件が起こった。その後の相次ぐ「少年犯罪」の〝前兆〟ともいえる事件だった。

京都府立大学名誉教授で、教育学の西元宗助氏（故人）は、二年後の平成二年に「教育と宗教のあいだ」（教育新潮社）を出版。その中で「（この事件を）知ったときの衝撃は忘れがたい。この事件は、戦後のわが国の学校教育の破たんを意味している。その責任の過半は、無気力なわれら宗教教育関係者にもあるのではないか」「この少年を私どもは罵ることはできない。少年は時代の犠牲者でもある」「われらは、これでよいのか、今こそ立ち上がらなければならない」（要約）と記し、教育者そして宗教者として、私たちに多くの示唆を与えている。

もう十五年前に読んだ同書を思い出したのは、このほど本願寺出版社から刊行された『いのちをみつめて―青少年の心の叫び―』を読んだときである。同書は、昨年秋に本願寺の教学伝道研究センターが開いた教学シンポジウムの記録だが、基調講演でジャーナリストの大谷昭宏氏は「（神戸の事件の少年Aが出所したが）この世で生をまっとうしていくのであれば、取材した私がしみじみ思うのは、おそらく何らかの宗教に帰依したときをおいてほかにないのではないか」「（マスコミが）真っ先に宗教者に聞くようになってほしい」（要約）と語っている。

新しい宗会議員が決まり、宗門はいよいよ親鸞聖人七百五十回大遠忌へ向けてスタートである。社会の苦悩に応えられる「基本計画」が求められている。

（『本願寺新報』・二〇〇五年五月一日号）

『仏教タイムス』のふたつのコラムから二十五年が経った。また、『本願寺新報』のコラムからも五年程が経った。そして、残念ながら、今もそこで書いた問題は、現在の問題であり、現在にも通用する内容である。通用するどころか、事態はむしろ悪化しただけである。『自照同人』の連載でも記し、本書にも書いているが、西元名誉教授が「東京・目黒の中学生の両親・祖母殺し」を「教育の敗北」であり「私自身の責任」と叫ばれた、その西元先生に倣うなら、「原発事故（3・11）」を起こしてしまったことは、まさに「宗教の敗北」であり「私（僧侶）の責任」であることを痛感する。

そして、その「原発事故」を起こしてしまった背後には、「父母・祖母斬殺事件」の背後にあるものと通じる「合掌ができない子どもたち（大人も）」の問題が潜んでいると、私は言わざるを得ないのである。

音を聞く、声を聞く

毎朝、寺の門を開け道路へ出て右を見ると滋賀県庁が見え、左を見ると天気が良い日は道の向こうに琵琶湖がキラキラと光っている。その手前に京阪電車石山坂本線が走っており地元では石坂＝イッサカ＝線と言っている。踏切の右手に「島ノ関」という駅があり、出発直後、到着直前の踏切であるためにゆっくり走る二両編成の電車を見る機会が多い。この電車は、石山寺駅から坂本駅まで約十四キロメートル、大津市内の琵琶湖の周りをU字形に走り、市民の重要な「足」になっている。隣駅の「浜大津」（当初の国鉄「大津駅」）と、反対側二駅先のJR膳所駅前の間、約二キロメートルは、そもそもJR（国鉄）の線路であり（今でも国鉄時代の石垣などが残っている）、大正に入った頃に三線軌条といって外側に一本線路を敷設して、国鉄（蒸気機関車）と京阪電車（その後、琵琶湖の西側を走っていた江若鉄道も）の狭軌と広軌の三社が乗り入れるという全国でも珍しい場所だった。一九六九年に京阪単独線になったが、近年はラッピング電車、電車DE落語&ビアなどユニークな企画電車が走ったり、二十一駅あることにちなみ「電車と青春21文字のメッセージ」の募集も毎年恒例になった。最近の最優秀作品は、「約束の駅　電車が停まり　僕の心が動き出す」（松山宏己さん）だった。

「鉄ちゃん（鉄道ファン）」のはしくれとして、住まい近くのことをつい「枕」代わりに述べたが、本題は、このイッサカ線の「錦織車庫」で全車両の整備を永年行って来た相井寿秋さんを紹介するためである。「電車の安全・安心を守り」続けたことにより叙勲されたが、相井さんは、車体各所の機器などをハンマーでたたいて金属音を聞いて、ねじの緩みや異常振動する部分、油漏れなどを、

「耳を澄ませて聞いて、きちっとやっていれば点検のどこかで兆候を発見できる」

と、新聞にコメントしている。「音を聞く」という理屈でない生き方がそこに窺える。

このイッサカ線の「坂本」より二つ手前に「穴太（あのう）」という駅がある。お城に興味のある人は、大阪城や熊本城など西日本に現存する城の八割を手掛けた「穴太衆積み」を思い出されるだろう。慶長年間には三百人の穴太衆がい

たとのことだが、現在、その技術を伝承しているのは粟田家しかない。穴太衆は、そもそもは大津市北部の比良山系の麓一体に築造された古墳や棚田の石垣、平安時代になって天台宗が開かれ、比叡山の三千の寺院などの石垣、墓石、五輪塔作りに穴太の石工衆が動員されたという。全国の城を手掛けることになったのは、織田信長が「比叡山の焼き討ち」をしたときに、この辺りの石垣が堅固で崩せなかったという報告を受けて、安土城築城時に穴太衆が動員され、その評判を聞いて、引っ張りだこになって全国の城を手掛けたという。現在まで石積みの技術が受け継がれている。

今でも坂本には天台宗・滋賀院門跡をはじめ穴太衆積みの石垣が残っているが、第十四代石匠・粟田純司さんの講演を聞いたことがある。先代から教えられたことは「石の声を聞け」ということだったそうだ。そして十年ほどの経験のなかで、我を捨てたときに「石の声」が聞こえてきたという。

同じように、「作物（米）の声を聞く」と言った人もある。宮城県登米の石井稔さんは「米作り日本一」で、「稲に言葉をかけて育てる」という。

周辺情報も含めて三人を紹介したが、このように「音を聞く」「声を聞く」「言葉をかける」などという人間の感性と自然が一体になった生き方は日本人の日常性であったように思う。

自然からの呼びかけは絶えることなく続いているのに、「合掌ができなくなった」私たちは、あふれかえる物質におぼれ、市場経済原理にとりつかれてしまい、「天の火までも盗んだ」のだ。しかし、そうではない「合掌できる」人たちもいるのだ。その人たちは、相井さんや栗田さん、そして石井さんをはじめつねに「聞く」ことのできる人であり、その結果、理性的な判断もできる人といえる。だからこそ、お互いに「尊敬」できる。少なくとも「いのちをむしばむ天の火を盗む」ことはしない。しかし、私たちが造ってきた社会の繁栄は、「聞く」ことから遠ざかることではなかったか。そこでは、「合掌の力」も育てられないままに「成長」してきたと言うほかない。

体力も頭脳力も「先進国」であり外見はまことに見事であるが、「合掌の力」を持ち得ないまま「大人」になり、その結果が世界中に「放射能をまき散らす」という、人間として、一番してはいけないことをしてしまった、ということだ。「悪いのは人間だけ」という認識が求められている。

エピローグ

パワースポット

出来なくなった「合掌」はどうしたら取り戻せるのか。私は最近、出版社から依頼されて次のような文章を書いた。

「ガチョーン」。谷啓さんのギャグです。谷さんは、ハナ肇さん、植木等さんなどと昭和四十年代に一世を風靡したコミックバンド・クレージーキャッツのメンバーでしたが、平成二十二年九月に亡くなりました。コメディアンのなべおさみさんが「優しい人でした。なぜか音楽をやっている人は本当に優しい人ばかりなんですよ」とコメントしていました。

「音楽をやっている人は優しい」という言葉が気になり、友人とバンドを組んだり、音楽を趣味としている長男に聞いてみました。「うーん、なんでやろ」と言った後、しばらくして「強いて言えば、バンドで演奏するときに、音が合わなかったり、進んだり遅れたりする人があるので、ジッと我慢して待ったり、自分が遅れて申し訳ないと思ったり、ほかの人への気遣いが必要なのでそういう気持ちが日常的にでてきて優しさになるのかなあ」と言いました。その返事が合っているかどうかはわかりませんが、とっくに還暦を過ぎた私の年代の者には、そういう気遣いは音楽をしなくても普段から育てられていた気がします。ただ、昨今は我慢や気遣いが薄い社会になっているのは確かです。

その頃発刊された、弁護士の大平光代さんの『ひかりのなかで』（本願寺出版社刊）に「他人への気遣いが失われている」様子が書いてありました。大平さんは、弁護士になって少年事件を担当した経験をこう語っています。

「人を傷つけた子に『手をつねってごらん、痛いやろ。相手の人も同じように痛いんやで』と諭すと、『自分は痛いけど相手のことは知らん』という反応に出会うことが多くなってきた。以前の不良は私を含めて、少なくとも人の痛み（心も身体も）はわかっていました。ケンカをしても、刃物を振り回しても、それ以上はダメという一線を知っていたように思います。ブレーキが利かないどころか、相手が死んでしまうことにも全く意識が及ばない子を前に、『何がこうさせたのか』と首を傾げる日々が続きました（要旨）」。

確かに昨今の社会は、子どもだけではなく大人も「相手のことは知らん」という出来事や事件が増えています。しかも残虐になっています。

「何がこうさせたのか」と疑問を抱いていた大平さんは、ある会合で「敗戦後、宗教教育がなくなって、心の柱がなくなりましたねえ」と聞き、少年犯罪を担当するためにはまず自分自身が宗教（仏教）を勉強しなければと思って西本願寺の通信教育を受けられました。そして、幼い頃おばあちゃんと一緒にお仏壇に手を合わせることが生活のはじめであり、「まんまんちゃんは見てはるよ」と言われていたことを思い出したのです。非行に走っていた大平さんが人生をやり直そうと決意して立ち直れたのは、手を合わせ心を育てる情操教育だったと気づかれました。以来、大平さんは、祖母に教えてもらった「心の戻る場所」を子どもたちに作ってあげたいと仏教・浄土真宗の学びを続けておられます。

つい最近、ある家族五人が私の寺に初めて参拝されました。七十歳代の夫妻、四十歳代の息子さん夫妻、小学生のお孫さんです。七十歳代の夫妻は、昭和四十年代に結婚した後は仕事で全国各地を転住されましたが、息子さんが滋賀県に新しく住宅を購入したので同居されることになりました。それを機に郷土の親戚に預けていたお仏壇を引き取ったのでお参りしてほしい、と私の寺に依頼があり半年ほど前にお宅へお参りしました。その後、「ご挨拶を兼ねてお寺にも一度お参りしたい」と、家族とともに来られたのです。

本堂でお参りされ、ご主人は「懐かしいですなあ。小さい頃、田舎のお寺の境内が遊び場所で、本堂では子ども会が開かれていました。やはり本堂は落ち着きますねえ」と言いながら、息子さんやお孫さんに「お寺の本堂に上がらせてもらったのは初めてやろう」と声をかけられました。おじいさんを真似て手を合わせていたお孫さんが「パワースポットみたいやなあ」と答えました。

「パワースポット」とは、最近よく聞く言葉ですが、「聖地」「霊域」や「落ち着く」あるいは「超自然な力によって健康や元気を与えてくれる」など「癒やしの場」のことです。その言葉が子どもの世界にまで浸透していることに驚きましたが、確かに本堂には「落ち着く（癒やし）」という雰囲気があります。ただ、作家の青木新門さんは「人は宗教を見失ったとき、癒やしを求める」とも言っておられます。つまり、「健康や元気をもらえる（癒やし）」だけでは「相手への気遣い」までは至らないということです。現代はまさに「宗教が見失われている」時代ではないでしょうか。「まんまんちゃんが見てはるよ＝全てのいのちが繋がっている」という宗教です。「(なぜか)音楽をやった人に優しさ」を感じたなべさんや「(なぜか)相手のことは知らん」という子どもに出会った大平さんの「疑問」の背後に「宗教不在」があるように思うのです。

祖父が仏壇を引き取られ「お寺にもご挨拶に」と子や孫とともに参拝されたのは、幼い頃に仏さまに手を合わせた経験がさせたのでしょう。家にお仏壇(ご本尊)がなく(合掌をすることもなく)、幼い頃からお寺に行ったことのないこの息子さんやお孫さんが、この「親(祖父)の後ろ姿」を引き継ぐお手伝いを私もともにしなければならないと思いました。

(探究社刊『よろこび』二〇一一年春彼岸号)

この二十年ほどの経験であるが、月参り(亡くなった方の命日のお参り=月忌・逮夜)のときに「ごえん(住職)さん、息子(後継者)はお仏壇のことは何も知らんし、お寺のことも出来ないと思っていてください」ということをよく聞かされる。ほとんどが後継者は遠隔地に住んでいる方で、「申し訳ない」という気持ちからそういう言葉がでてくるようである。そういう方には、「強制したらあかんけど、帰って来られたときには、どうぞお仏壇へお参りしてください。きっと後ろ姿を見ておられますから」と言ってきた。

できなくなった「合掌を取り戻す」には、いろんな方法があるだろうが、ここで紹介した「七十歳代の夫妻」のように「お仏壇（ご本尊）を中心にした生活、さらにはお寺へのお参り、そして本山参拝」を取り戻すことが一番のように思うのだ。少なくとも「理屈」ではない。それは、また私のこれまでの「経験」にも重なる思いである。

西本願寺の大谷光真門主は、『朝には紅顔ありて』（角川文庫）において、牛尾治朗氏（ウシオ電機会長）と対談される中で、最近の人間として考えられないような事件が起きている現状、背景を述べられた後、「半分、我田引水かもしれませんが、家にお仏壇のある家庭で育った子どもと何もないところで育った子どもではちょっと違うと聞きます。お仏壇のある家庭で育った子どもは、何か深刻な事態に遭ったときに立ち上がるというか回復する力が育っているという話を耳にいたします。ですから、子どものころから何か目に見えることだけではなくて、人間が育っていく、心が育っていくような環境を私たちが用意しないと、ますますひどくなっていくと思います」と語られている。

ご門主は『愚の力』（文春新書）でも、「仏壇のある生活」を述べられている。

あらゆる人の平等な世界へ

実は、三池炭坑三川鉱の炭じん爆発では、「初期救援活動（対策）」の遅れが死者と一酸化炭素中毒患者を大幅に増やした。それは東日本大震災でも同じ状況にある。自然災害で太平洋を流されているであろう被災者の捜索もまだできていない。そして、人的災害である原発事故の被災は、人だけではなく自然にまで及んでいる。それは福島だけの問題ではない。大気や海洋に拡大し世界に及ぶ災害であるのだ。それにも関わらず電力会社をはじめとする日本経済団体連合会（経済連）、原子力安全・保安院、さらに政府は、いまだ情報を隠したり、情報をコントロールしていると報道されている。その対応には不審が強まるばかりである。今、私にできることは、こうした過酷な状況のなかの「原発労働者」とさらには国民の「いのち」がむしばまれている現実と直面する「勇気」ではないだろうか。それこそが、「合掌のこころ（人間がしなければならないこと）」ではないのかと言いたいのだ。それは、先に紹介した高木仁三郎さんの講演録からも学べる。「科学の原理と人間の原理」の根底にある「本質」となるものを謙虚に「聞く」ことにほかならないからだ。そして、その「本質」は、決して「盗ん」ではならないのだ。

私は、「3・11」以前の混沌とした状況において、「合掌ができない大人である私」という自覚が求められていたことを連載で述べた。そして、「3・11」以後もその状況にはなんら変わりがなく、「3・11」を一層悲惨な状態にしているのだ。

私は、「混沌とした状況」に対して昨年（二〇一〇年）の秋、ある全国紙に、次のような文章を投稿した。掲載はされなかったが、「3・11」以後も、その気持ちは変わらない。

「むごい事件」が相次ぐ。我が子を放置して餓死させる。我が親の遺体を放置して「年金を貰う」。「検察のＦＤ改ざん」を含めて、これらは「自分の都合のよいようにする」ということが共通している。なぜ、こうなったか。「お寺は風景」になり、そうなった責任の過半は僧侶にあるという反省を踏まえての発言だが、「（祖父母や両親までは脈々と受け継がれてきた）宗教心の喪失」が、その根底にあるように思う。

宗教心は学問ではなく、殆どが家族の縁（祖父母や両親の背中）によって育まれてきたが、核家族化などの社会変化がその継続を断ち切っている。「むごい事件」は他人事ではない。いまこそ「先祖の寺や本山」を訪ねるなどして「宗教心を継続」してほしい。「風景でない寺」はたくさんある。

そこでは、この時代を「私が」どう生きていったらいいのか聴ける。例えば、私の宗派（浄土真宗本願寺派）では「人間はきっかけ（縁）があれば何をするかわからない」（歎異抄）と教えている。そういう自己であるから「自分の都合だけ（勝手な判断）ではなく相手の都合をともにして生きましょう」と味わっている。

「合掌ができない子どもたち」は、実は、大人の問題であり、私たち僧侶の問題であった。そして、「相手の都合をともにして」ということばが、深い宗教心に発していることを気づかされたとき、「合掌できる」私が生まれている。それはまた、今こそ、「人間は不完全な者だ」という親鸞聖人の教えに立って、「自分の精神の自由、絶対無限なる世界から与えられたいのち、そしてまたそこから起こってくるところのあらゆる人の平等な世界へという願いを捨てることはできない」（二葉憲香著『親鸞・仏教無我伝承の実現』）という人間の実現に向かうことである。「資本」のための市場をめざすのではなく、「あらゆる人の平等な世界へという願いを捨てることはできない」という人間を生きるのである。生かされるのである。

現代人は、人間が「原子の力」に生かされているということを知ったが、生かされているもの（原子）への感謝のこころ（合掌）が欠けていた。

そして、本書でも紹介した高木仁三郎氏が述べられているように「原子」は人間の手に負えるものではないのに、人間の欲望、傲慢さが「原子爆弾」そして「原子力発電」を作り出してしまい、まさに「手に負えない」現実を日本人が作ってしまった。

この差し迫った現実を含めて、混沌とした日本に今、「合掌の力」が求められている。

あとがき

東日本大震災・原発事故は『自照同人』へ一年間の連載を終えた直後に起こった。テレビの生放送であの大津波の様子を見て（それはほんの一部分だったわけだが）以来、私の気持ちから連載を書き終えた安堵感は消えさり、「連載」が「帳消し」になったという思いに至った。

その一方で、私はテレビを観たり新聞報道などを読みながら、その日以後、例えば福島第一原発の事故について言えば、日本政府は相次いで起こった水素爆発を受けて相当の区域（少なくとも県単位）の人たちを避難させると予想した。

しかし、予想は外れて戦争時の統制を思わせる情報隠し（コントロール）と、そして相変わらぬ「金儲け」や「党利党略」のための政治の混乱が続く。五カ月経っても、いや経てば経つほど、そこには「合掌ができない」大人の「むごい」世界を見せつけられる。自然の大災害で圧倒的な自然の力に完敗した私の気持ちは、大人災であるその後の原発の現状によって、逆になった。残念ながら「帳消し」にはなりそうにはない。否、「帳消し」にしてはならないという「声」が聞こえてくるのである。それはまた連載での指摘がそのまま通用する社会状況が続いているということだ。

私は、高校入学直前の一九六三（昭和三十八）年三月二十八日、福岡県大牟田市の三池炭坑三川鉱で「労働者と労働者が乱闘」（三池闘争）する現場を見て「労働者同士がなぜ」という疑問を持ち、その後の人生の「原点」になっていた。そして、五十歳を過ぎて一つの町内の出来事で知った「合掌ができない子どもたち」の存在を知り、そのような子どもたちがなぜいるのかという疑問が起こった。私の身近なところで起こったこの二つの疑問を重ねて、ささやかな人生遍歴から社会現象のいくつかを切り裂き、混沌さを増す社会に対して、また原発問題に対してひとりの僧侶としてどう向き合ったのかを綴った。そして、それら疑問の背景には僧侶（私）の大きな責任があることを知ったのである。

私は、一九六八年に西本願寺立の龍谷大学を卒業したが、卒業論文のテーマは道綽禅師（インド、中国、日本と法然聖人までの浄土真宗の教えを導いた七人の高僧の中の第四祖）が著わされた「『安楽集』の研究」だった。その『安楽集』のなかの言葉であり、親鸞聖人が主著『顕浄土真実教行証文類（教行信証）』の巻末に引用された次の言葉がある。

前に生れるものは後のものを導き、後に生れるものは前のもののあとを尋ね、果てしなくつらなって途切れることのないようにしたい。

（『顕浄土真実教行証文類（現代語版）』・本願寺出版社刊）

『安楽集』のこの言葉は、浄土真宗の教えをいただいた者は、後の人を導き、後の人は前の人に聞き、次の時代に途切れることがないようにしたい、ということである。

この言葉を味わい、次の時代を生きる若い人たちのためにどう生きたらいいのか、ひとりひとりが現実と向き合うための参考に、本書がいささかなりともなれば有り難い。

末尾になるが、最初に本書を書く契機を与えていただいた自照社出版の檀特隆行氏、大隈真美氏、そして本書の刊行を薦めていただいた白馬社の西村孝文氏に心よりお礼を申しあげる。

二〇一一年七月二〇日

三上　章道

◎著者紹介
三上　章道（みかみ　しょうどう）
1944年、福岡県大牟田市生まれ（旧姓・北村）。
龍谷大学文学部仏教学科（真宗学）卒。1968年、浄土真宗本願寺派宗務所（本願寺出版協会）入所。1971年から1978年まで文化時報記者。同年、同宗務所へ再入所、情報部（広報）を経て1984年から本願寺出版社勤務。1989年から2009年まで編集長。同年、定年退職。
2012年から14年まで龍谷大学大学院非常勤講師。
1990年から滋賀県大津市・福賢寺住職。
著書『合掌ができる社会へ』（本願寺出版社）
　共著『65歳からの仏教』（本願寺出版社）

合掌ができない子どもたち

2011年８月30日　初版第１刷発行
2015年５月１日　初版第３刷発行

著　者　三　上　章　道
発行者　西　村　孝　文
発行所　株式会社白馬社
〒612－8105　京都市伏見区中島河原田町28－106
電話075（611）7855　FAX075（603）6752
HP http://www.hakubasha.co.jp
E-mail info@hakubasha.co.jp
印刷所　モリモト印刷株式会社

ISBN978－4－938651－83－1